Jackie Merchant

Ein Herz und ein Pony

Roman

Aus dem australischen Englisch von
Catrin Frischer

SCHNEIDERBUCH

1. Auflage 2021
Deutsche Erstausgabe
© 2021 Schneiderbuch in der
Verlagsgruppe HarperCollins Deutschland GmbH, Hamburg
Alle Rechte für die deutschsprachige Ausgabe vorbehalten
© 2020 by Jackie Merchant
Originaltitel: »The Pony Question«
Erschienen bei Walker Books, Australia Pty Ltd, Newtown
Published by arrangement with
Walker Books Limited, London SEil SHJ.
Umschlaggestaltung: Designomicon | Anke Koopmann, München
Satz: GGP Media GmbH, Pößneck
Druck und Bindung: GGP Media GmbH, Pößneck
Printed in Germany · ISBN 978-3-505-14437-0

www.schneiderbuch.de
Facebook: facebook.de/schneiderbuch
Instagram: @schneiderbuchverlag

1. Kapitel

Emmie zog die Decken vom Gesicht und betrachtete ihren in die kalte Luft aufsteigenden Atem. »Dampf«, sagte sie. Dann zog sie die Decken wieder hoch. »Kondensation«, murmelte sie. Mit leichtem Stirnrunzeln suchte sie nach einem weiteren Wort. Unzufrieden mit ihrer Wahl flüsterte sie schließlich »Nebel« in die Wolldecke.

Draußen vor dem kleinen quadratischen Fenster am Fußende ihres Bettes flitzten die grauen Umrisse von Schwalben vorbei. Die Außenbeleuchtung war angegangen, als Emmies Mum Feuerholz aus dem Carport geholt hatte, und hatte die Vögel aufgescheucht. In Emmies enges Zimmer drang gerade so viel Licht, dass sie auf ihrer Armbanduhr erkennen konnte, wie spät es war. 5 Uhr 35. Um diese Zeit war sie immer zu Reitturnieren aufgestanden – früher. Da wäre sie jetzt losgezogen und hätte Mähne und Schweif ihres Ponys Chet eingeflochten. Sie gestand sich ein Seufzen zu. Wenigstens wusste sie, dass Chets neue Besitzer ihn gut versorgten.

Sie drehte sich auf die Seite und hörte, wie ihre Mutter durchs Haus lief. Die alten Wände waren dünn, und die Geräusche verrieten ihr, wo ihre Mum gerade war und was sie machte. Das schrille Quietschen der Fliegentür und das Klappern der Ofentür bedeuteten: Das Feuer brannte, und bald würde es warm werden in der kleinen Küche.

Unterm Dach hämmerte es. Das heiße Wasser lief durch die kalten Rohre, die sich ausdehnten. Zum Glück war das Wasser über Nacht nicht eingefroren. Emmie wusste die vertrauten Geräusche zu schätzen – es war gut, wieder im eigenen Bett zu liegen. Sie hatte gerade vier Tage mit ihrem Dad Steven und seiner neuen Frau Caroline verbracht. Emmie nannte sie nur Papp-Caroline. Natürlich nicht direkt. Die Frau war total steif und langweilig. Wenigstens musste Emmie da in den nächsten sechs Monaten nicht wieder hin. Ihr Dad würde nämlich wegfahren – mich verlassen, zurücklassen, dachte Emmie –, weil er in Deutschland arbeiten und irgendein großes Geschäft für eine Pharmafirma abschließen sollte. Offenbar war das eine einmalige Chance für ihn.

Sie hörte, wie ihre Mutter in ihren Mokassins den Flur runter schlurfte. Emmie beobachtete den sich drehenden Türknauf, dann erschien das Gesicht ihrer Mutter in dem schmalen Lichtstreifen, der in ihr Zimmer fiel.

»Morgen, Emmie, hast du den Buschkauz gehört? Das ist ein gutes Zeichen«, sagte sie, dabei schlang sie ihr dunkles Haar zu einem losen Knoten im Nacken zusammen. Ihre Augen strahlten.

»Nein«, sagte Emmie, die sich aufsetzte und die Ohren spitzte, um den Ruf des Nachtvogels zu hören. Ihre Mutter glaubte an »Zeichen«, ganz besonders an Zeichen von Vögeln.

Mit entschuldigender Miene sagte ihre Mum: »Er ist weg, ich habe ihn erschreckt, als ich Holz geholt habe. Ich dachte, davor hättest du ihn vielleicht gehört – und, so leid es mir tut, es ist Zeit aufzustehen. Wieder mal erwartet uns ein großes *Abenteuer*, eine *Expedition*, eine *Forschungsreise*. Komm mit und zieh dich in der Küche an, da ist es schön warm.« Sie drehte sich um und ging den Flur wieder hoch, dabei trällerte sie fröhlich: »Und ich finde, Abenteuer, Expedition,

Forschungsreise hat die dreifache Punktzahl verdient. Also, ich mein ja nur.« Sie schien höchst zufrieden mit sich zu sein.

»Kann sein, aber ich bin ja noch nicht mal wach!«, rief Emmie. Sie schwang die Beine aus dem Bett, sog scharf die Luft ein und murmelte: »Eisig, frostig, arktisch.«

»Für meine Ohren klingst du wach, Emmie-Esperanza-Hope!«, rief ihre Mutter zurück, die nun nicht nur die lange spanische Version ihres Namens benutzt hatte, sondern auch noch den Kosenamen ihres Vaters für sie.

»Na gut«, sagte Emmie. Sie schnappte sich ihre Sachen und huschte den Flur entlang. »Aber Emmie, Hope und Esperanza lasse ich nicht gelten, Namen zählen nicht, und kein Mensch nennt mich Hope, außer Dad und Papp-Caroline.«

»Einverstanden«, sagte ihre Mum mit einem Lächeln. »Aber vielleicht solltest du lieber bei ›Caroline‹ bleiben.«

»Mach ich, sobald sie mich Emmie nennt.« Sie grinste zurück. Sie hatte kein Interesse daran, irgendwas über Caroline zu wissen oder über sie zu reden, und sie war sich sicher, dass das auf Gegenseitigkeit beruhte.

Francesca, Emmies Mum, hatte das »3-für-1«-Wörterspiel vor zwei Jahren erfunden, auf der langen Fahrt zu Emmies Dad. Damals waren sie das erste Mal seit der Scheidung voneinander getrennt gewesen, und Emmie hatte das kleine Häuschen, das sie gemeinsam bewohnten – diese Hütte, wie ihr Vater gern sagte –, verlassen, um ihn in seiner modernen Wohnung in der Stadt zu besuchen. Sie war nervös gewesen, und ihre Mum hatte sie mit der Herausforderung, jeweils drei Wörter für eines zu finden, ablenken wollen. Die ersten drei Wörter, die Emmie damals in den Sinn kamen, waren »reisekrank, übel, zum Kotzen« gewesen. Kurz darauf hatte sie Letzteres in die Tat umgesetzt, als ihr Lieferwagen sich auf dem Weg zur Küste die Blue Mountains hinaufgeschlängelt hatte. Trotz des etwas unglücklichen Starts hatten sie an diesem Spiel festgehalten.

»Tut mir leid, dass ich dich so früh aus dem Bett hole«, sagte ihre Mum, während sie das Feuer schürte, dass die Funken durch die Luft tanzten. Emmie spürte die Hitze im Gesicht und nuschelte ein »Ist okay«, während sie sich den dicken braunen Pullover über den Kopf zog.

Den hatte sie auf der Rückreise von Sydney in einem Second-Hand-Laden gefunden. Unten um den Saum herum war ein wollweißes Pferdemuster eingestrickt. Emmie liebte diesen Pullover. Allerdings hatten sie ihn drei Mal waschen müssen, bis der Geruch nach Motten-kugeln verschwunden war. Das hatte ihren Entschluss, ihre Kleider nur noch in Wohltätigkeitsläden zu kaufen, ins Wanken gebracht. Ihr Dad dachte ohnehin, dass sie das nur machte, um ihn zu nerven, weil er nämlich eine Vorliebe für neue, funkelnde Sachen mit fetten Logos hatte. Aber das war es nicht, jedenfalls nicht so ganz. Emmie fuhr mit dem Finger am Pulloversaum entlang. Die Doku über die Textilver-schwendung auf der Welt, die enorme Müllberge hervorbrachte, fiel ihr wieder ein. Nach diesem Film hatte sie eine Woche lang Albträume gehabt.

Mit bitterem Lächeln zog Emmie den Gürtel durch die Schlaufen der Jeans. Sie dachte an das jüngste Angebot ihres Vaters. In der letz-ten Woche hatte er versucht, sie zum Besuch eines Internats zu über-reden. Er war überzeugt davon, dass Francesca Emmies Leben rui-nierte, indem sie sie mit aufs Land genommen hatte, wo sie weit weg war von allem, was in seinen Augen zu einer »erstklassigen« Ausbil-dung gehörte.

Emmie durchschaute ihn mühelos. Wenn er seine Tochter auf eine Privatschule schickte, war das ein Zeichen seines Erfolges. Wie sah das denn auch aus, wenn die Kinder seiner Mitarbeiter auf alle möglichen feinen Privatschulen gingen und die Tochter von Shiny Steve auf eine öffentliche Schule in einer Kleinstadt auf dem Land? Sein letzter Bestechungsversuch hatte darin bestanden, Emmie anzubieten, ein Internat mit dem Schwerpunkt Reiten zu besuchen und ihr ein neues Pferd zu kaufen. Ihr beinahe nagelneuer Hänger, sagte er, sei ja immer noch eingelagert. Emmie hatte sich nicht mal die Mühe gemacht, ihrer Mum davon zu erzählen.

Für ihren Dad war Gewinnen alles. Emmie lief es eiskalt den Rücken runter, als sie daran dachte, wie er sich auf einigen ihrer Dressurturniere verhalten hatte. Grob zu den Veranstaltern, unhöflich zu den Reitern. Emmie hatte doch nur mitmachen wollen mit ihrem Pony. Klar hätte sie genauso gern gewonnen wie alle anderen, aber eigentlich war sie schon glücklich, wenn es einfach nur gut lief oder sie was Neues lernte. Das hatte Shiny Steve nie begriffen. Ihm war weder aufgefallen, wie willig Chet gegangen war, noch hatte er verstanden, dass es Emmie reichte, einfach dabei zu sein, Spaß zu haben und das Gefühl, dass die harte Arbeit sich gelohnt hatte. Für Steven musste mindestens eine Schleife herausspringen, sonst galt der Tag als verschwendet.

Dann war das große Turnier des Pony-Dressurclubs gekommen. Drei Tage vor der Veranstaltung hatte Chet ein wenig gelahmt, nicht schlimm, doch so ganz in Ordnung war er nicht. Er hatte sich auf der Weide eine Zerrung geholt. Der Tierarzt hatte geraten, ihm eine Woche Ruhe zu gönnen und dann zu schauen, wie es ihm ging. Emmie war enttäuscht gewesen, aber das Ende der Welt war das nicht gewesen. Schließlich würde Chet wieder gesund werden. Aber Steven hatte endlos lamentiert, weil Emmie es jetzt nicht in die Nationalmannschaft schaffen würde usw. Dabei hatte Emmie sich keinerlei

Illusionen gemacht, so etwas erreichen zu können. Steven hatte sich aufgeführt, als ob er der Reiter wäre.

Doch dann, nach nur zwei Tagen, war Chet wieder fit gewesen. Emmie war verblüfft. Sie hatte allerdings nicht geahnt, dass Steven dem Pony heimlich die Schmerzmittel verabreicht hatte, die nach einer früheren Verletzung übrig geblieben waren. Emmie hätte das auch nie erfahren, wenn sie bei dem Turnier nicht zufällig zu einem Dopingtest herausgezogen worden wäre. Chet war positiv – und Emmie wurde für zwölf Monate von allen Turnieren ausgeschlossen. In den sozialen Medien war die Hölle los gewesen. Selbst jetzt grauste es Emmie noch, wenn sie an all das zurückdachte, das über sie gesagt worden war: Sie sei eine Betrügerin, sie denke nur ans Gewinnen und nicht an ihr Pferd. Das Schlimmste war, dass viele von den gemeinen Kommentaren von Leuten kamen, die sie für ihre Freunde gehalten hatte.

Seitdem war Emmie nicht mehr geritten. Als Steven vorgeschlagen hatte, Chet zu verkaufen und ein größeres Pferd anzuschaffen, war Emmie einverstanden gewesen. Sie war aber fest entschlossen, dafür zu sorgen, dass sie niemals ein anderes Pferd finden würde. Was ihr Vater getan hatte, hatte ihr das Reiten verleidet. Sie konnte es nicht ertragen, wieder zurück auf den Platz zu gehen, wenn die Leute über sie redeten. Und jetzt war sowieso alles anders …

»Wie fühlst du dich heute?«, fragte ihre Mum und holte sie damit wieder zurück in die Gegenwart.

»Ganz okay, glaube ich«, sagte Emmie. »Zumindest tut mir nichts weh.«

Sie spielte mit der Mütze herum, ehe sie die auf den Kopf stülpte, die langen glatten Haare ließ sie über die Ohren hängen.

Emmie erholte sich gerade vom Pfeifferschen Drüsenfieber. Das Virus war nach drei Wochen verschwunden, aber die starke Müdigkeit schleppte sie immer noch mit. Der Arzt hatte gesagt, sie dürfe noch einen Monat nicht zur Schule. Emmie lernte, wenn sie konnte, und schlief viel, aber heute ging es ihr so weit gut.

»Sollen wir das große Abenteuer für eine Frühstückspause mit heißem Kakao unterbrechen?« Ihre Mum lächelte und stellte die Thermobecher auf die Sitzbank.

»Sicher, definitiv, aber so was von.« Emmie lächelte sie an.

Sie wusste, dass ihre Mutter die Fahrt »großes Abenteuer« nannte, damit es sich nach Spaß anhörte. Aber sie hätte sich keine Sorgen machen müssen, für Emmie war es wirklich in Ordnung, sie zu begleiten.

Sie waren unterwegs zu einer Haushaltsauflösung auf einer Farm. Francesca kaufte gebrauchte Möbel bei Auktionen und Entrümpelungen und restaurierte jedes Stück in ihrem eigenen extravaganten und ziemlich farbenfrohen Stil. »Spanische Vorfahren«, sagte sie immer, wenn Leute sie fragten, woher ihre Inspiration komme. Emmie war sich nicht sicher, ob sie überhaupt spanische Vorfahren in der Familie hatten, aber den Leuten gefiel die Geschichte. Manchmal waren die Möbel für Emmies Geschmack ein bisschen zu wild gemustert, aber die Leute liebten die verrückten Sessel und bunten Sofas und kauften sie in den Läden in der Stadt, die sie verlassen hatten.

Vor zwei Jahren hatten sie noch in Sydney gelebt, wo alles in ihrem Leben so leicht, hell und glänzend gewirkt hatte. Sie hatten nicht weit vom Strand in einem weißen Haus gewohnt, mit weißen Möbeln und hellem Holz überall. Alles war ordentlich und an seinem Platz gewesen. Verklemmt, fand Emmie, wenn sie jetzt darüber nachdachte.

Ihr Dad hatte einen Topjob als Verhandlungsführer bei Abschlüssen internationaler Firmen, er machte große Geschäfte und war oft unterwegs auf Geschäftsreisen. Und wenn er heimkam, mochte er sie und das Haus genau so, wie sie waren. Seine freien Wochenenden verbrachte er mit Emmie, die er zu Reitturnieren oder Reitstunden begleitete. Pferde waren nie Francescas Ding gewesen, sondern das von Emmie und ihrem Dad.

Und der war eines Tages ohne Gepäck von einer Geschäftsreise heimgekehrt.

Er sei nach Hause gekommen, hatte er gesagt, um ihnen mitzuteilen, dass er nicht wieder nach Hause kommen würde. Er würde sie verlassen, ausziehen. Emmie erinnerte sich noch deutlich an seine Silhouette im grellen Sonnenschein von Sydney, als er jenes letzte Mal aus der Haustür gegangen war. Und dann, einfach so, verschwand er für sechs Monate aus ihrem Leben. Der Kontakt zu ihm bestand nur noch aus Briefen vom Anwalt und gelegentlichen unbeholfenen Telefongesprächen. Vor diesen Anrufen fürchtete Emmie sich noch immer, und sie war ziemlich sicher, dass es ihm genauso ging. Sie fragte sich, ob sie wohl jemals wieder so miteinander reden würden wie damals auf den Autofahrten früh morgens auf dem Weg zu Turnieren, mit dem Hänger im Schlepp, nur sie beide. Doch wenn er das nicht vermisst, dachte sie, dann tue ich das auch nicht.

»Hast du alles, was du brauchst, Emm?« Francesca schnappte sich Handy und Laptop und schlang sich einen knalligen Schal um den Hals. Sie trug ein Stirnband aus Kunstpelz. Eigentlich hätte das lächerlich aussehen müssen, aber wegen ihrer olivfarbenen Haut und den dunklen Haaren hatte es Stil. Francesca sah aus wie eine Künstlerin und passte damit perfekt in ihr buntes, chaotisches Haus, das vollgestopft war mit Möbeln, von denen sie sich nicht trennen konnte – beziehungsweise alten, abgewrackten Stücken, die darauf warteten, durch Francescas Liebe wieder zu früherer Schönheit erweckt zu werden. So sah Emmie sich und ihre Mum nämlich manchmal: wie

Möbelstücke, die Steve hatte stehen lassen und die Francesca mit ihrer Liebe ins Leben zurückgeholt hatte.

Emmie schüttelte den Kopf und rief ihrer Mutter zu: »Alles klar, ich bin so weit!«

Auf dem Weg zur Haustür holte Francesca sie ein, stieß die Tür mit der Hüfte auf und meinte: »Na, worauf warten wir noch? Große Safari, Abenteuer, Expedition – wir kommen!«

»Eher wohl großes Sofa, Recamière, Couch – wir kommen«, sagte Emmie. »Du weißt, dass ich nur wegen der heißen Schokolade mitkomme, oder?« Langsam stieg sie die beiden glitschigen Holzstufen vor der Haustür runter, aber sie lächelte den Rücken ihrer Mum an. Das musste man ihr lassen, sie glühte vor Begeisterung, auch bei Eiseskälte. Der Mond stand am Himmel, die Sonne würde noch lange nicht aufgehen. Als Emmie das Gartentor aufmachen ging, hörte sie den Buschkauz aus den Bäumen hinter dem Haus rufen. Wie einsam das klang. Ein kleiner Schauer lief ihr den Rücken runter.

2. Kapitel

Emmie schob das bereifte Tor auf, damit Francesca ihren braunen Van durchfahren konnte, dann schüttelte sie die Raureifflöckchen ab, ehe sie schmelzen und ihr die Finger nass machen konnten. Blaue Abgase wirbelten in die Luft, im roten Schein der Rückleuchten färbten sie sich lila. Emmie schloss das Tor hinter dem Van und fragte sich, warum sie sich überhaupt die Mühe machten, schließlich war links und rechts davon nicht mal ein Zaun, es stand ganz allein auf der Auffahrt, wie ein Footballspieler ohne Mannschaft. Nichts deutete darauf hin, dass hier je ein Zaun gestanden hatte.

Francesca wischte mit der behandschuhten Hand auf dem Armaturenbrett des alten Möbelwagens Staub weg, den nur sie sehen konnte. Sie hatte den Van Van-essa getauft und das schlammfarbene Fahrzeug von dem Augenblick an geliebt, in dem sie sich zum ersten Mal hinters Lenkrad gesetzt hatte. Schnell war es zum dritten ständigen Expeditionsteilnehmer geworden. Van-essa hatte sie sicher in ihr neues Leben im Dorf Pippin gebracht und sich als treu und zuverlässig erwiesen, wenn Francesca auf der Suche nach Möbeln für ihr Geschäft durchs Land reiste. Van-essa hatte alle alten Stücke nach Hause gebracht, die ihnen letztlich den Lebensunterhalt finanzieren würden. Francesca redete mit Van-essa wie mit einer alten Freundin.

Während Emmie sich ins Warme setzte und ihren Gurt anlegte, steuerte ihre Mum Van-essa langsam auf die kleine Straße hinaus.

Emmie ließ den Blick durch die Sackgasse schweifen. Nebenan, in dem ordentlichen beigen Haus mit dem grünen Dach, brannte kein Licht. Hier wohnten die pummelige kleine Connie mit der weißen Dauerwelle und ihr Ehemann Percy mit den arthritischen Händen. Die hatte er vom jahrelangen Apfelpflücken in der Plantage, die er früher mal auf dem leeren Feld neben ihrem Haus betrieben hatte. Vor dem dunklen Himmel schlängelte sich träge der Rauch aus dem Schornstein, ihr Holzofen kokelte vor sich hin.

Dann kam das Haus von Pete und Doddsy, dem Baby Josh und Emmies bestem Freund Aiden. Die Wäsche hing schlaff auf einer gelben Leine unter dem Verandadach, das sich um das ganze blassblaue Holzhaus herumzog. Petes praktische Arbeitskleidung in Khaki und Dunkelblau baumelte neben den bunten Stramplern vom kleinen Joshua und Aidens aus Jeans und grauen T-Shirts bestehender Uniform. Gelbes Licht fiel aus den Küchenfenstern. Emmie konnte Doddsy in ihrem flauschigen rosa Morgenmantel an der Spüle stehen sehen.

Emmie reckte den Hals, damit sie an den Bäumen vorbei zu dem Fenster im ersten Stock gucken konnte. In Aidens Zimmer brannte ein schwaches Licht, das an- und ausging. Emmie lächelte, sie wusste, dass er ihr Zeichen machte, weil er gehört hatte, wie der Van auf die Straße gefahren war. Kein Wunder, Aiden schlief nicht viel.

Wenn er bei ihnen in der Küche saß – die lockigen Haare standen in alle Richtungen, und die langen, schlaksigen Gliedmaßen hingen vom Küchenhocker –, lag Francesca ihm immer damit in den Ohren, dass er den Fernseher aus seinem Zimmer schaffen sollte, dann würde er ganz bestimmt gut schlafen.

15

Aiden sagte nur: »Ja, Francesca« und machte sich nicht die Mühe, ihr zu erklären, dass er überhaupt nicht fernsah. Er war online und recherchierte zu Fotografie und Kameras. Aiden wollte Fotograf werden. Emmie kannte keinen anderen Menschen in ihrem Alter, der schon genau wusste, was er machen wollte, wenn er erwachsen war.

Ganz hinten, am Ende der Straße, lag der Eingang zum Grace-Park, der die Grenze ihres Viertels bildete. Aiden und Emmie nutzten den sich schlängelnden Pfad vom Hintereingang des Parks gern als Abkürzung auf dem Schulweg. Noch nie hatte Emmie andere Menschen hier gesehen, abgesehen von den Gemeindearbeitern, die den Rasen mähten.

»Stellst du Tom mal an?«, bat Francesca mit einer Kopfbewegung Richtung Armaturenbrett.

»Links abbiegen«, sagte die elektronische Stimme, die sie aus ihrem kleinen Dorf hinaus auf die Landstraße leitete und dann immer westwärts zu der zwei Stunden entfernt liegenden Farm, auf der die Auktion abgehalten wurde.

»Danke, Tom«, sagte Francesca und schlug gehorsam das Lenkrad ein.

Eingehüllt in die Wärme des Vans schaute Emmie rüber zu ihrer Mutter, deren behandschuhten Hände auf dem Lenkrad lagen. Sie konnte sich ein kleines Lächeln nicht verkneifen. Francesca war jetzt ganz anders als damals, nachdem Dad ausgezogen war und sie orientierungslos und in einem Schockzustand zurückgelassen hatte.

Während sie noch überlegt hatten, was sie nun machen sollten, hatte Francesca ihrem Vater, Emmies Opa, in dem kleinen Schuppen hinter seinem Vorstadthaus geholfen, alte Möbel zu restaurieren. Genau wie früher, vor ihrer Heirat. Diese Arbeit hatte nicht nur die Möbel, sondern auch Francesca wiederhergestellt.

Inspiriert von einem Zeitungsartikel waren sie an einem eiskalten Samstagmorgen übers Wochenende zu einem kleinen Dorf namens Pippin aufgebrochen, das angeblich ein heimliches Schmuckstück war, ein Ort, an dem man die Farben des Herbstlaubs besonders gut bewundern konnte. Mit neuem Plan und einem Ziel waren sie wieder in die Stadt zurückgekehrt. Pippin, mit seinen kleinen gemütlichen Häusern und den rauchenden Kaminen, war wie ein anderer Planet verglichen mit dem weißen Licht des Strandlebens, das sie aufgegeben hatten. Es war, als hätten die Herbstfarben Francescas Künstlerherz erweckt und ihnen beiden einen ganz neuen Anfang angeboten. An diesem Tag war nämlich Francescas Möbelladen geboren worden, und seitdem wuchs und gedieh das Unternehmen.

Draußen vor dem Fenster zog die Dunkelheit kilometerweise dahin, ab und zu aufgehellt durch eine Farm oder einen Melkstall. Eingelullt von den Geräuschen des Vans dämmerte Emmie weg. Sie wachte wieder auf, als sie in eine Ortschaft abbogen.

»Wo sind wir?« Emmie rieb sich die Augen.

»In Boondaloo«, sagte Francesca und zeigte auf das Schild über einem alten Pub. »Ich weiß nicht, wie du das siehst, aber ich könnte einen heißen Kakao und einen Muffin vertragen.« Sie manövrierte Van-essa auf einen Parkplatz in der nahezu leeren Straße.

Während Emmie geschlafen hatte, war der Tag angebrochen, und jetzt glomm ein heller Fleck hinter den tief hängenden grauen Wolken. Sie fröstelte, als sie aus dem Van kletterte. Die Sonne wärmte kein bisschen.

Sie schoben die hölzerne Schwingtür der einzigen Bäckerei auf, die zu dieser Zeit geöffnet war – oder vielleicht sogar der einzigen Bäckerei der Stadt, dachte Emmie, nachdem sie sich kurz umgeschaut hatte. Drinnen wurden sie von einem gebeugten Mann hinter dem

Tresen begrüßt, der aussah, als sei er noch früher aufgestanden als sie – oder noch gar nicht im Bett gewesen. »Was kann ich für Sie tun?«, fragte er.

»Wir hätten gern zwei große Becher Kakao zum Mitnehmen, ohne Marshmallows«, sagte Francesca und reichte ihm die Reisebecher. »Und ein paar Muffins. Welche Sorten gibt es denn?« Francesca guckte hoffnungsvoll in die Vitrine.

»Nur eine, weiße Schokolade/Orange«, antwortete der Mann, der ihnen allem Anschein nach zu verstehen geben wollte, dass sie da von Glück reden konnten.

»Wunderbar, das erleichtert das Leben. Zwei davon, bitte«, sagte Francesca und kramte in ihrer Geldbörse. »Wissen Sie, wie weit wir noch fahren müssen bis zur Victoria-Auktion?«, fragte sie über das Getöse des Milchaufschäumers hinweg.

»Meinen Sie den Staat Victoria oder das Anwesen Victoria?«, fragte der Mann über die Schulter. Entweder war er ein Witzbold oder einfach unhöflich – schwer zu sagen.

»Das Anwesen.« Francesca lächelte, sie ließ sich nicht aus dem Konzept bringen.

»Wenn Sie die Stadt verlassen, folgen Sie dem Schild nach Harden, etwa fünfzehn Minuten. Sie können es nicht verfehlen – zweistöckiges Sandsteingebäude, groß, alt. Am Zaun hängen Wegweiser. Wenn Sie an der Gabelung der Straße landen, sind Sie zu weit gefahren.« Mit diesen Worten schob er die Becher über den Tresen und verpackte die Muffins in Tüten. »Wollten Sie die aufgewärmt mitnehmen?«

»Nein, danke, das ist gut so.« Francesca nahm das Gebäck mit einem Lächeln entgegen. »Schönen Tag noch.«

»Suchen Sie nach was Bestimmtem auf der Auktion?«, fragte der Mann, als sie gehen wollten. Er lehnte sich über den Tresen.

18

»Nein, gar nicht«, antwortete Francesca. »Ist nur so ein Hobby von uns, am Wochenende zu Auktionen zu gehen.«

»Dann ist ja gut.« Der Mann drehte sich wieder um. »Normalerweise gibt's da nur einen Haufen alte Möbel und jede Menge Schrott von der Farm«, ergänzte er.

»Oh, das wollen wir doch hoffen!«, sagte Francesca. Sie hielt sich offenbar für clever. Der Mann zog eine Augenbraue hoch und grunzte.

»Der hatte ja gute Laune«, murmelte Emmie, als sie die Autotür zuzog. Francesca zuckte die Achseln und stellte ihren heißen Kakao in den Becherhalter.

»Vielleicht ist er nur kein Morgenmensch.« Sie ließ das Auto an.

»Vielleicht hätte er dann nicht Bäcker werden sollen, wenn er's nicht so hat mit dem Morgen«, antwortete Emmie.

»Wenigstens sind wir fast da«, sagte Francesca. »Also habe ich jede Menge Zeit, mir in Ruhe alles anzuschauen. Hast du dran gedacht, dir ein Buch mitzunehmen?«

»Selbstverständlich.« Emmie pflückte ihren Muffin auseinander.

»Du darfst dich auch einfach mal ausruhen, weißt du«, zog ihre Mum sie auf. »Du musst nicht immerzu lernen.«

»Dieses Mal ist es ein Roman.« Emmie lächelte. »Bei Dad habe ich endlos gelernt.« Das stimmte. Sie hatte ihre treuen Physik- und Mathebücher benutzt, um sich Caroline und Dad vom Leib zu halten. Sie war nämlich fest entschlossen gewesen, Gespräche mit Caroline auf ein Minimum zu beschränken. Abgesehen davon wollte sie in der Schule nicht zu sehr hinterherhinken. Sie hatte so viel Unterricht versäumt.

»Ich hab keine Einwände«, sagte Francesca, die Gas gab, als sie die Hauptstraße entlangfuhr. »Ich hoffe bloß, dass du dich nicht langweilst.« Wortlos und mit einem Lächeln zeigte sie auf die schwarzen

Rabenkakadus mit den gelben Flecken, die langsam über ihren Köpfen vorbeizogen. Sie lehnte sich über das Lenkrad und zeigte in die Ferne. »Guck, ich wette, das ist es.«

Emmie schob die Sonnenblende hoch. »Was hat der Bäcker gesagt: alt und groß? ›Runtergekommen‹ hat er wohl vergessen.« Das alte Haus wirkte kalt.

Ein »Ausverkauf«-Schild mit einem Pfeil drauf wies ihnen den Weg eine lange, breite, mit Kies aufgeschüttete Auffahrt hinauf, die eher was von einem Feldweg hatte. Dann ragte das Haus vor ihnen auf.

Francesca murmelte vor sich hin: »Genau, an der Weggabelung links und weiter zu den Schuppen.«

Kurz vor einer Besichtigung fing Francesca immer an schneller zu reden, weil sie so gespannt war, was sie finden würde. Emmie dachte oft, dass Francesca, hätte sie in grauer Vorzeit gelebt, bestimmt eine gute Jägerin gewesen wäre.

Van-essa bog auf einen Grünstreifen, und Emmie schaute durch die Bäume zum Haus rüber. Es war gewaltig. Aus buttergelbem Sandstein, mit einem geschmiedeten rostnarbigen weißen Eisengeländer an der Dachterrasse. Es wirkte, fand Emmie, so ungeliebt wie nur was.

»Guck mal.« Sie zeigte auf das Haus, das gerade die ersten schwachen Sonnenstrahlen des Tages abbekam.

An einem gefährlich schief stehenden Pfosten lehnte ein Schild, auf dem in verblasster Schrift »Victoria« stand.

»Wow«, seufzte Francesca. »Victoria muss mal ein stattlicher Besitz gewesen sein, was für ein großartiges altes Haus. Traurig, dass es so runtergekommen ist.«

»Sieht nicht so aus, als ob hier jemand wohnt.« Emmie reckte den Hals, um besser sehen zu können. Dabei wurde ihr klar, dass sie aus purer Gewohnheit nach irgendwas Ausschau hielt, das auf Pferde hindeutete – einem Reitplatz oder Ähnlichem – aber so was gab es nicht. »Wahrscheinlich nicht«, sagte Francesca. »Das Anwesen ist ein Nachlass, alles muss raus heute.« Sie seufzte. »Stell dir mal vor, wie schön es hier im Sommer aussehen würde, wenn der Blauregen an der Veranda blüht. Aber wichtiger ist, dass es in diesem großartigen, wenn auch runtergekommenen Haus jede Menge wunderbare, hinreißende, interessante Schätze gibt, die versteigert werden!« Lange ließ sich Francesca nicht von ihrer Mission ablenken.

Emmie klammerte sich am Griff über der Tür fest, als sie zum Parken über die Wiese rumpelten. Sie waren nicht die Ersten hier, bei Weitem nicht. Die meisten Fahrzeuge waren Pick-ups und Jeeps – Vans oder Lieferwagen von Möbelhändlern, die gegen ihre Mutter bieten könnten, waren nicht zu sehen. Hoffentlich blieb das auch so.

3. Kapitel

Fußspuren im bereiften Gras wiesen ihnen den Weg zur Auktion, beim Gehen knirschte das Eis unter ihren Stiefelspitzen. Sie quetschten sich durch eine kleine Holzpforte zwischen zwei niedrigen Stallgebäuden und gelangten auf einen kopfsteingepflasterten Hof, der von einer riesigen Scheune und einer Reihe von großen alten Ställen und einem Schuppen mit angeschlossenen Pferchen umgrenzt wurde. In der Mitte waren Planen ausgebreitet und große Tische aufgebaut, bedeckt mit Maschinenteilen, Werkzeug und kistenweise altem Hausrat. Emmie hatte nicht die geringste Ahnung, wozu all das gut sein sollte. Stapel alter Familienfotos, mit Gummibändern zusammengehalten, lagerten trocken und vergilbt in einem Weidenkorb. Der Anblick machte sie irgendwie traurig. Wo waren eigentlich ihre Familienfotos? Nicht, dass das noch eine Rolle spielte, jetzt, wo sie keine Familie mehr waren. Sie zog die Mütze über die Ohren und hielt Ausschau nach Francesca.

Die schlenderte auf der anderen Seite vom Hof umher. Emmie musste lächeln. Francesca achtete darauf, sich nicht anmerken zu lassen, an welchen Stücken sie Interesse hatte.

Emmie beschloss, sich in der Scheune und den Ställen umzuschauen. Unter dem Blechdach der Scheune war es sogar noch kälter als draußen. Schwache Lichtstrahlen stahlen sich durch Löcher in den hölzernen Wänden, und der Staub, den die Leute mit den Füßen aufwirbelten, stieg in kleinen Wölkchen auf.

Ein altes Pferdegeschirr hing starr an der Wand, aber niemand interessierte sich dafür. Stattdessen sahen sich die Leute eine schwarze Pferdekutsche mit vier Rädern genauer an. Ein Seil hielt die Betrachter auf Abstand, und auf dem Sitz lag ein Schild mit der Aufschrift »NICHT ZU VERKAUFEN«.

Emmie ging um die Gruppe herum, denn etwas auf der anderen Seite des Schuppens hatte ihr Interesse geweckt. Ein Stapel alter Sättel – Auktionslos Nummer siebenundvierzig. Das Leder der Pauschen und die Sitzflächen waren rissig. Schichten von Staub und Dreck verrieten, dass die Sättel schon sehr lange nicht mehr benutzt worden waren.

Plötzlich fragte sich Emmie, wie ihr sauberkeitsfanatischer-weiße-Möbel-ja-kein-Schmutz-Dad eigentlich den ganzen Matsch, Staub und die Pferdehaare ertragen hatte, die Emmie immer ins Haus geschleppt hatte. Vielleicht war es da hilfreich gewesen, dass Chet eingestellt gewesen war. Pferde auf Armeslänge … Emmie schüttelte den Kopf. Für solche Sachen hatten sie kein Geld mehr – Francesca jedenfalls nicht. Emmies Dad hatte das Geld, und er hatte sein Angebot gemacht – aber der Preis, dass sie von ihrer Mum wegzog, war zu hoch.

Wenn das Geschäft richtig laufe, hatte Francesca gesagt, würden sie eine Reitmöglichkeit für Emmie finden. Emmie sprach Francesca nie darauf an. Ihre Mum tat wirklich ihr Bestes – und abgesehen davon wollte Emmie eigentlich nicht die Pferde anderer Leute reiten. Sie war nie der Meinung gewesen, dass sie irgendwas richtig toll konnte, aber auf Chet war sie immer stolz gewesen. Superstars waren sie nicht gewesen, aber sie hatten hart gearbeitet und waren ganz gut zurechtgekommen.

Emmie solle ihren Vater bitten, Reitstunden zu bezahlen, hatte Francesca vorgeschlagen, dann könne sie wenigstens wieder zurück in den Sattel. Aber Emmie hatte das abgelehnt. Mit ihrem Vater würde sie nie wieder über Pferde reden. Und Francesca hatte sie verboten, dieses Thema anzuschneiden.

Emmie hörte, wie der Auktionator die Leute willkommen hieß. Mit einem Finger fuhr sie noch mal über die Sitzfläche des alten Sattels, dann verließ sie die Scheune und machte sich auf die Suche nach Francesca. Die war nicht schwer zu finden. Mit ihrem Pelzstirnband und dem bunten Schal, den sie sich kunstvoll um den Hals geschlungen hatte, stach sie aus der Menge der Farmer in Dunkelblau und Khaki hervor wie ein exotischer Vogel. Emmie lächelte. Wenn Francesca ein Papagei war, dann war sie selbst eine braune Ente – nichts Schrilles, an ihre Umgebung angepasst. So gefiel es ihr. Als sie bei ihrer Mum angekommen war, flüsterte sie:

»War was Gutes dabei?«

»Ja«, antwortete ihre Mum leise, »ein schönes Sofa, Armlehnen und Rücken aus Holz, und ein großer alter Sessel. Steht leider ganz unten auf der Liste, das könnte also ein langer Tag werden.« Sie schaute Emmie mitfühlend an.

»Alles gut, ich guck zu, wenn die Kisten mit dem Kram versteigert werden«, sagte Emmie und ging rüber zu den Tischen.

Es sah aus, als ob jemand sämtliche Schubladen und Schränke einfach in Kisten entleert hätte. Einiges schien Ramsch zu sein, in anderen Kisten war vielleicht ein gutes Stück, und der Rest war total mysteriös. Emmie überlegte, ob die Leute vielleicht boten, weil sie Spaß am Risiko hatten.

Als Bratwurstduft über den Hof zog (das Auktionshaus spendierte Wurst) und die letzten Sachen aus den Kisten versteigert waren, fing

Emmies Magen an zu knurren. Der Muffin hatte das Loch nicht füllen können, das die Kälte ihr in den Bauch gefressen hatte. Sie machte sich auf den Weg zu Francesca, die gerade mit einem Mann in einem blauen Arbeitshemd redete. Dem muss eiskalt sein, dachte Emmie, die beobachtete, wie er an seine Mütze tippte und davonging.

»Wer war das?«, fragte sie.

»Hab seinen Namen nicht verstanden«, sagte Francesca. »Wir haben nur ein bisschen geplaudert beim Warten.«

Emmies Magen knurrte wieder, diesmal lauter. Francesca zog eine Augenbraue hoch. »Möchtest du eine Wurst? Riecht wirklich gut.«

»Ja, bitte. Und dann setze ich mich in Van-essa und lese eine Weile, wenn das okay ist.«

»Klar. Geht es dir auch gut?« Plötzlich war Francesca beunruhigt.

»Mir geht's gut«, antwortete Emmie. »Ich dachte nur, ich geh lesen, um etwas Zeit totzuschlagen.«

»Ich würde ja mitkommen, aber wenn ich verpasse, wie meine Posten aufgerufen werden, dann wäre die ganze Warterei umsonst gewesen.« Francesca verdrehte die Augen. Sie reichte Emmie die Schlüssel und sagte: »Aber du verriegelst die Türen, okay?«

Emmie ließ Francesca weiter auf der Lauer liegen, holte sich ihre Wurst im Brötchen und schlenderte zum Van. Als sie die Schiebetür aufzog, stieg ihr der Geruch von Kakao und Muffin in die Nase – und der leicht muffige Geruch der alten Wolldecken, die Francesca hinten im Laderaum aufbewahrte, damit sie die Möbel abdecken konnte. Emmie schnappte sich ihren Roman und zerrte einen Haufen Wolldecken auf den Boden, aus denen sie sich ein Nest machte. Ein paar Stunden später, der Roman war gelesen, gab sie es auf, gegen die Müdigkeit anzukämpfen, die sie schon seit Stunden umschlich. *Ich mach einfach einen Moment die Augen zu, und dann guck ich, wie Mum sich schlägt.* Sie merkte nicht mal, wie sie einnickte.

Als sie aufwachte, hörte sie Männer lachen, die am Van vorbeigingen. Sie hatte das Gefühl, stundenlang geschlafen zu haben, aber ob das stimmte, konnte sie hinten im Van nicht feststellen. Sie setzte die Mütze wieder auf, zog die Tür auf und schnappte nach Luft. Müsste sie raten, würde sie sagen, dass es zwei Uhr nachts war – aber es war noch hell. Eisige Kälte lag in der Luft. Noch eine Stunde, dann wäre es höchste Zeit, nach Hause zu fahren. Nicht zu fassen, dass sie so lange geschlafen hatte.

Schon als sie durchs Tor ging, sah sie, dass die Reihen sich gelichtet hatten, in der Ferne standen aber immer noch Leute. Francesca schien sich nicht vom Fleck gerührt zu haben, seit Emmie sie das letzte Mal gesehen hatte. Mann, ist die geduldig, dachte Emmie.

Ihre Mum sah sie kommen und grinste von einem Ohr zum anderen. »Das muss ja ein gutes Buch gewesen sein! Hast du's durch?«

»Ja. Wie lange hab ich geschlafen?«, fragte Emmie gähnend und trat von einem Fuß auf den anderen, um die Kälte abzuwehren.

»Dauert nicht mehr lange«, sagte Francesca. »Das Sofa wird bald aufgerufen, und den großen Stuhl hab ich gekriegt.« Sie lächelte, höchst zufrieden mit sich.

»Ich such mir was zum Sitzen.« Emmie drehte sich um und sah das Gatter von den leeren Viehpferchen. Wenn sie sich auf die oberste Strebe setzte, müsste sie alles im Blick haben.

Der Auktionator arbeitete sich Partie für Partie bis zu den allerletzten Gegenständen durch. So langsam begann die Gatterstrebe sich in ihren Hintern zu bohren. Sie wollte gerade von ihrem Hochsitz springen, als der Auktionator verkündete: »Leute, nun ist nicht mehr viel da! Partie einhundertdreiundsechzig steht draußen auf dem Viehhof zur Ansicht.« Die Menge drehte sich um und versperrte Emmie den Weg. Neugierig drehte sie sich um und schaute in den Hof.

Ein Metallgatter schepperte, und die Helfer des Auktionators brüllten was, dann wurde es still, denn durch das offene Scheunentor trottete mit hängendem Kopf das traurigste, vernachlässigste Pony, das Emmie je gesehen hatte. Mager war es, seine Mähne war verfilzt und fehlte an manchen Stellen ganz, die Hufe waren lang und rissig. Das struppige Fell hatte eine schmutzig braune Farbe. Das Baumwollhalfter war so ausgeblichen, dass es fast weiß war. Die Enden waren zerfleddert, die Schnallen rostig. Dieses Ding hatte so lange am Kopf des Ponys gesessen, dass sich kahle Stellen an den Ganaschen gebildet hatten. Emmie hörte sich selbst einen kleinen Schrei ausstoßen.

Angewidertes Murmeln wurde laut. Zwei Männer vor Emmies Knien sagten: »Was für eine Schande« und »Ich wusste gar nicht, dass der alte Sandy immer noch ein Pferd hatte. Er würde sich im Grab umdrehen«.

Emmie vermutete, dass Sandy der alte Mann war, dem das Haus gehört hatte und der gestorben war.

Aber der Auktionator musste seine Arbeit machen und ging über Stöhnen und Kommentare hinweg. Von der Verladerampe aus bat er um Gebote.

Niemand bot, nicht mal, als der Preis immer tiefer fiel. Alle schwiegen. Keiner würde dieses Pony kaufen. Emmie drehte sich um, wo war ihre Mutter? Nicht, dass Francesca irgendwas hätte tun können.

Schließlich entdeckte sie sie auf der anderen Seite vom Hof, an der Scheune. Emmie riss den Arm hoch und winkte, aber Francesca telefonierte. Selbst von ihrem Platz auf dem Gatter aus konnte Emmie erkennen, dass sie in ein Gespräch vertieft war.

Sie nahm die Mütze ab und wedelte damit so heftig über dem Kopf herum, dass sie dabei fast vom Gatter gerutscht wäre. Endlich gelang es ihr, die Aufmerksamkeit ihrer Mutter zu wecken. Francesca winkte zurück, telefonierte aber sofort weiter – irgendwie angespannt, oder irrte sie sich?

Emmie seufzte. Es hatte keinen Zweck. Was hätten sie auch machen können? Plötzlich hörte sie den Auktionator sagen: »Verkauft für einhundertundzehn Dollar an Bieter Nummer fünfundfünfzig.«

Emmie war verwirrt, sie hatte niemanden bieten sehen. Dann schaute sie rüber zu ihrer Mum – und mit Grauen ging ihr auf, dass die Fünfundfünfzig Francescas Nummer war. Francesca hatte es noch schneller kapiert, stellte Emmie fest, sie sah nämlich, wie sie ihr Telefongespräch abbrach und Emmie geschockt anguckte.

Ohne zu überlegen, hatte sie Emmie mit ihrem Bieterschild in der Hand zugewinkt und aus Versehen für das Pony geboten – und, was noch schlimmer war, sie hatte es gekauft.

Francesca eilte quer über den Hof, um mit einem der Assistenten des Auktionators zu reden.

Emmie kletterte vom Gatter und lehnte sich an den Zaun. Sie wusste, dass Francesca nicht wütend sein würde, Emmie hatte das ja nicht mit Absicht gemacht. Aber was sollten sie jetzt tun? Die würden sie doch bestimmt nicht zwingen, das Pony zu kaufen.

Emmies Fantasie galoppierte schon mit der Hoffnung davon, dass sie die Stute irgendwie behalten könnten. Wenigstens so lange, bis sie das Pony gesund gepflegt hatten. Im Kopf machte sie schon eine Liste von Pferdeleuten, die sie kannte und die ihr helfen könnten, aber dann kam ihr plötzlich und ungebeten das Bild von ihrem zaunlosen Tor in den Kopf. Fast gleichzeitig wurde ihr klar, dass alle ihre Bekannten, die mit Pferden zu tun hatten, weit weg waren. Sie konnte diese Leute nicht mehr um Gefallen bitten, dazu war es viel zu lange her, dass sie zuletzt Kontakt gehabt hatten. Entmutigt begriff Emmie, dass sie kein Pferdemensch mehr war.

4. Kapitel

Auf dem Hof hatte das Pony sich nicht von der Stelle gerührt. Es zeigte kein Interesse an irgendwas in seiner Umgebung. Francesca redete lebhaft auf den Auktionator ein, doch an seinem Kopfschütteln und daran, wie er zur Tagesordnung überging und die nächste Partie aufrief, konnte Emmie erkennen, dass er sie nicht vom Kauf zurücktreten ließ. Sie würden das Pony nehmen müssen. Wie war so was möglich?

Francesca bahnte sich wieder einen Weg zurück durch die Menge, hob aber plötzlich noch mal ihr Bieterschild, gerade noch rechtzeitig. Der Auktionator sagte »zum Ersten, zum Zweiten, verkauft«. Wenigstens hat sie ihr Sofa, dachte Emmie, obwohl sie nicht glaubte, dass das den Schlamassel aufwiegen konnte, in den sie sie reingeritten hatte.

Nach einem letzten Blick zum Pony schlängelte Emmie sich zu Francesca durch. Erleichtert stellte sie fest, dass Francesca nicht allzu sauer wirkte. Als Emmie vor ihr stand, sagte sie mit einem milden Lächeln: »Nun ja, das ist nicht ganz das Abenteuer, die Expedition, die Safari, die wir geplant hatten. Lass mich kurz in Ruhe überlegen, was wir jetzt machen. Du weißt, dass wir die Stute nicht behalten können, oder? Schließlich können wir sie nicht in Van-essa schieben und sie mit nach Hause nehmen.« Die Lage war so absurd, dass sie sich ein Lächeln nicht verkneifen konnte. Emmie hatte keine Lösung anzubieten.

Während sie noch überlegten, tauchte ein kleiner, drahtiger Mann mit einem dreckigen Hut in verschossenem Blau neben ihnen auf. Irgendwas hatte er an sich, das Emmie unangenehm war. Sie trat einen Schritt näher an ihre Mum heran, der es offenbar nicht anders ging, denn sie zog Emmie an ihre Seite. So bildeten sie eine geeinte Front.

Der Mann hustete, ein gurgelndes, rasselndes Geräusch, und es sah aus, als ob er was rauswürgen wollte.

»'schuldigung.« Er versuchte immer noch, den Frosch aus dem Hals zu kriegen. »Hab gesehen, dass Sie den alten Klepper aus Versehen ersteigert haben. Ich geb Ihnen, was Sie bezahlt haben, und Sie sind ihn los. Ich hätte selbst geboten, aber ich bin zu spät gekommen.«

»Nun ja«, sagte Francesca, »wir sind gerade ein bisschen ratlos, aber wir haben noch nicht entschieden, was wir jetzt machen.«

Jetzt war Emmie sicher, dass Francesca auch kein gutes Gefühl hatte, was diesen Mann anging. Genau wie sie selbst. Aus keinem bestimmten Grund, es war einfach ein Bauchgefühl.

Aber der Typ wollte kein Nein akzeptieren. Ganz so, als hätte Francesca gar nichts gesagt, redete er weiter: »Ich lauf mal eben rüber zu meinem Laster, hole die hundertzehn Dollar – wissen Sie, was, sagen wir hundertzwanzig, dann haben Sie noch einen kleinen Gewinn gemacht. Bin gleich wieder da.«

Ehe sie antworten konnten, hatte er sich schon umgedreht und stakste auf seinen dünnen, krummen Beinen davon. Im Gehen steckte er sich eine Zigarette an. Kein Wunder, dass er diesen ekligen Husten hat, dachte Emmie.

»Der hat es aber furchtbar eilig, das Geschäft in trockene Tücher zu kriegen, oder? Wie kommt er bloß drauf, dass wir mit diesem armen Pferd Profit machen wollen?«, meinte Francesca. Zwischen ihren Augenbrauen erschien eine Falte.

»Ich weiß nicht, was ich davon halten soll, Emmie«, sagte sie. »Uns bleibt nichts anderes übrig, als ihm das Pony zu verkaufen.« Francesca redete nicht weiter, sie grübelte. Emmie tat es leid, dass sie sich Sorgen machte. Aber wenn sie das Pony anguckte – das arme Ding hatte sich immer noch nicht gerührt –, kriegte sie so ein komisches Gefühl im Bauch. Einen Moment lang kam es ihr so vor, als wäre ein verlorengegangenes Stück von ihr wieder aufgetaucht. Mit der Rettung des Ponys hätten sie fast etwas Tolles und Mutiges getan, auch wenn es ein Versehen gewesen war. Das durfte doch jetzt nicht einfach im Sande verlaufen.

Francesca sah Emmie scharf an, dann legte sie ihr den Arm um die Schultern und drückte sie. Ein wenig hektisch schaute sie sich um. Emmie wollte sie fragen, was los war, doch ihre Mum berührte ihre Hand und sagte: »Warte hier, rühr dich nicht von der Stelle. Bleib einfach hier stehen.«

Francesca schaute in die Menge, sie suchte nach jemandem, und dann lief sie schnell über den Hof zu dem Mann in dem blauen Hemd, mit dem sie vor einer Weile geredet hatte. Emmie sah, wie sie auf das Pony zeigte, der Mann drehte sich um und schaute sich die Stute an. Dann zeigte ihre Mum auf Emmie und gestikulierte, nicht ganz so, als würde sie ihn anflehen – aber beinahe.

Schließlich hörte Francesca auf zu reden und blieb abwartend vor dem Mann stehen. Er drehte sich langsam um, warf noch einen Blick auf das Pony und einen rüber zu Emmie. Dann wendete er sich wieder Francesca zu und nickte.

Francesca schaute über den Hof zu Emmie, sie lächelte, und Emmie merkte, wie ihr Herz hüpfte. So guckte Francesca auch immer, wenn sie ein Möbelstück »gerettet« hatte. Emmie hatte das Gefühl, dass jetzt gleich etwas Gutes passieren würde.

»Wo ist denn deine Mum, kleines Mädchen?« Emmie hatte sich so auf Francesca konzentriert, dass sie den unheimlichen Typen gar nicht kommen sehen hatte. Die Worte blieben ihr im Hals stecken, und sie musste einen Schritt zurücktreten – sein Gesicht war viel zu dicht an ihrem. Plötzlich hatte sie Angst um die Stute.

»Hier«, sagte er, packte ihre Hand und zerrte sie nach vorn. »Nimm das Geld.« Seine andere Hand war voll Münzen und zerknitterten Geldscheinen, die auf den Boden zu fallen drohten. Emmie versuchte ihre Hand zu befreien, aber der Typ hielt sie fest wie im Schraubstock.

Emmie wollte sich von ihm befreien, entsetzt stellte sie dabei fest, dass an seinen Fingernägeln und den ausgefransten Manschetten seines Hemdes getrocknetes Blut klebte. Wenigstens sah es so aus. Mit einem erschrockenen Keuchen riss sie die Hand weg, und der Mann hielt nur noch ihren Handschuh in der Faust. Das Geld fiel zu Boden, die Münzen flogen in alle Richtungen und verteilten sich übers Kopfsteinpflaster.

Er schleuderte den Handschuh auf den Boden und zischte: »Was soll das, du blöde …« Verängstigt wich Emmie zurück, dabei verlor sie das Gleichgewicht und rempelte gegen jemanden, der hinter ihr stand. Jemand Großen. Eine Hand auf der Schulter gab ihr Halt, und jemand sagte: »Hör jetzt auf damit, Vern.« Es war eine tiefe Stimme, eine ruhige, der man nicht widersprach. »Das war bloß ein Missgeschick.« Die Männer kannten sich offenbar.

»Alles okay mit dir, Emmie?«, fragte Francesca, die jetzt an ihrer Seite angekommen war.

Emmie nickte, sie beobachtete, wie der unheimliche Typ anfing sich aufzuplustern. In ihm brodelte es, aber die beruhigende Stimme war wieder da: »Ich helf dir beim Aufsammeln, Vern.« Jetzt konnte Emmie sehen, dass auf dem Hemd des Mannes »Hodgsons Viehhandel« stand. Er streckte den Arm aus und zog Emmie hinter sich. Dann bückte er sich, sammelte das Geld auf und drückte es Vern wieder in die Hand. »So, nichts passiert.«

Emmie beobachtete das alles fasziniert. Vern setzte ein grässliches künstliches Lächeln auf und sagte zu Francesca: »Keine Sorge, ich wollte Ihnen nur das Geld für das Pony geben, wie wir's abgemacht hatten.«

Francesca richtete sich kerzengerade auf. »Ehrlich gesagt glaube ich nicht, dass wir irgendwas abgemacht hatten. Wir behalten das Pony, und Mr. Hodgson hier hat sich bereit erklärt, den Transport für uns zu übernehmen.« Francesca hob das Kinn ein klein wenig, damit klar wurde, dass sie einen Entschluss gefasst hatte.

Emmie kannte diesen Gesichtsausdruck. Was auch immer mit dem Pony geschehen würde, eines war klar: Zu Vern kam es nicht.

Francesca drückte ihre Hand, ziemlich fest. Emmie kapierte, dass sie den Mund halten sollte. Sie ließ den Blick über den Hof schweifen, ganz so, als würde sie das, was sich zwischen den Erwachsenen abspielte, überhaupt nichts angehen.

Ein paar Sekunden lang polterte Vern noch herum und ließ eine Menge heiße Luft ab, bis Mr. Hodgson eingriff und leise auf ihn einredete.

Was er sagte, konnte Emmie nicht verstehen, aber als Vern anfangen wollte, Widerworte zu geben, hörte sie, wie Mr. Hodgson ihm das Wort abschnitt.

»Lass gut sein, Mann, so ein klapperiges Pony brauchst du nicht.«

»Irrtum, das ist genau das Richtige für mich«, keifte Vern. »Das taugt doch nur als Hundefutter.«

Emmie schnappte nach Luft – mit einem Mal fiel der Groschen. Alles passte zusammen. Das Blut an Verns Manschetten, dass er so wild drauf war, das Pony für so wenig Geld zu kaufen, um dann noch so zu tun, als würde er ihnen einen Gefallen tun. Ihr Fehler war wirklich ein echter Glücksfall.

Vern spuckte ihnen vor die Füße und guckte sie lange giftig an. Dann lächelte er gemein und sagte: »Das Ding wird schon bald abkratzen, in dem Zustand … Aber dann rufen Sie bloß nicht mich an, damit ich den stinkenden Kadaver wegschaffe.« Damit drehte er sich auf dem Absatz um und schlurfte davon, wobei er laut über Leute schimpfte, die nicht zu ihrem Wort standen. »Wie soll ein ehrlicher Mann da denn seinen Lebensunterhalt verdienen?«, grummelte er.

Emmie spürte, wie ihr die Röte in die Wangen stieg. Wie peinlich, was mussten die Leute denken? Dann brüllte einer von den umstehenden Farmern: »Na, du müsstest wohl erst mal ein ehrlicher Mann werden, ehe du dir darüber Sorgen machst, Vern. Also, reg dich ab.« In der Menge wurde gekichert.

»Das hab ich gehört, Charley Lockett!« Vern zeigte mit einem dreckigen Finger auf den Farmer, bevor er Richtung Parkplatz ging.

»Das solltest du auch«, antwortete der Mann. »Hau schon ab und lass dem Mädchen ihr Pony.«

Kopfschüttelnd verschwand Vern durchs Gatter.

»Behalten wir das Pony?«, fragte Emmie, die sich nicht zu früh Hoffnungen machen wollte.

Francesca strich Emmie über den Kopf und sagte: »Erst mal. Wir holen sie hier raus und bringen sie nach Hause, dann sehen wir weiter. Mr. Hodgson nimmt sie in seinem Viehtransporter mit.«

Mr. Hodgson lächelte Emmie an, sein freundliches Gesicht gefiel ihr sofort. »Nenn mich Rob«, sagte er. »Das tu ich gern für dich.« Das klang, als würde er es auch so meinen.

Zu Francesca sagte Rob dann: »Ich kann den Wagen jetzt holen, es sind nicht mehr so viele Leute da, dann laden wir sie auf.« Er wollte gehen, sagte aber noch: »Dieses Sofa kann ich auch noch mit aufladen, wenn Sie wollen?«

Francesca schüttelte den Kopf. »Danke, nicht nötig, das hat schon jemand in unseren Van geladen. Das Pony ist mehr als genug. Aber es sieht wirklich so aus, als könnte es einen Sitzplatz gebrauchen.« Das stimmte, die Kraft des Ponys schien gerade noch dafür zu reichen, auf dem Hof zu stehen, für einen Transport auf dem Hänger war es eigentlich zu schwach.

»Ich mache es ihr so leicht ich kann«, antwortete Rob und stiefelte davon.

Wenig später war er wieder da, der Lastwagen fuhr piepend rückwärts an die Verladerampe. Mit gespitzten Ohren beobachtete das Pony ihn, rührte sich aber nicht vom Fleck. Emmie hatte einen Pferdehänger erwartet, in dem die Stute geschützt war, aber das hier war ein Viehtransporter mit Stahlstreben an den Seitenwänden, ohne Dach. Sie hatte noch nie gesehen, dass ein Pferd so transportiert wurde.

Mit einem Seil in der Hand sprang Rob aus der Fahrerkabine. Emmie wollte ihm helfen und das Pony führen, aber Francesca sagte: »Lass nur, Emmie, er weiß, was er tut. Er kann sich einen Eindruck von ihr verschaffen. Wir wissen nichts über sie, wir müssen erst rausfinden, ob sie sicher, vertrauenswürdig, zuverlässig im Umgang ist.«

Emmie lächelte über das Drei-Worte-Angebot ihrer Mutter. Damit gab sie Emmie auf ihre ganz persönliche Weise zu verstehen, dass sie nicht sauer war.

»Ich danke dir, bin dir dankbar, stehe in deiner Schuld«, erwiderte Emmie.

Lächelnd sagte Francesca: »Naja, deinem Dad kannst du auch danken, ihm dankbar sein und in seiner Schuld stehen. Ihn hatte ich nämlich am Telefon, und das Gespräch hat mich so abgelenkt, dass ich mit meinem Bieterschild gewedelt habe.«

Emmie war darüber genauso überrascht wie über die Tatsache, dass sie plötzlich ein Pony hatte. Ehe sie sich zurückhalten konnte, fragte sie schon: »Hat er angerufen, weil er mit mir sprechen wollte?«

»Keine Ahnung, warum er angerufen hat. Ich musste ihn abwürgen, weil ich aus Versehen ein Pony gekauft hatte.« Francesca kicherte und schüttelte den Kopf, weil dieser Satz so absurd war. »Ich rufe ihn morgen zurück. Mach dir keine Sorgen, es hörte sich nicht besonders wichtig an, und er war absolut freundlich. Vergiss das, wir sollten uns jetzt darauf konzentrieren, uns und das Pony nach Hause zu schaffen.«

Rob hatte versucht, das alte Halfter so einzustellen, dass es bequemer für das Pony war. »So, meine Kleine«, sagte er und ruckte ein wenig am Führstrick. »Dann wollen wir dich mal rausholen.«

Die Stute zögerte vor der Rampe, so als würde ihre Kraft zum Raufsteigen nicht reichen. Ansonsten schien ihr völlig egal zu sein, was passierte.

»Komm schon, Mädchen, hoch, ganz vorsichtig, geh nur.« Robs Stimme klang gelassen und beruhigend, und ab und zu rieb er der kleinen Stute sanft über den Kopf. Sie machte ein paar Schritte, aber dazu brauchte sie ewig, und andere Leute wollten die Rampe auch benutzen, sie warteten. Es wurde jede Minute kälter, und die Leute wurden ungeduldig.

Plötzlich stapfte ein Mann, dem der Bauch über den Gürtel hing, an die Rampe. Er fing an mit dem Hut zu wedeln und das Pony anzubrüllen. »Rauf da, aber zackig, du Mistvieh!«, schrie er. »Los jetzt, hopp, hopp.«

Verschreckt zuckte das Pony zurück und stolperte, dabei landete es unglücklich mit einem Knie auf der Rampe. Es rappelte sich wieder hoch, brach sich dabei aber ein Stück aus dem langen Vorderhuf.

»Schluss jetzt!«, blaffte Rob, er funkelte den Mann an. Dann streichelte er der Stute über den Hals und beruhigte sie.

Er drehte sich zu dem Typen um. »Was hast du für ein Problem?« Seine Stimme war nicht laut, aber Emmie konnte sehen, dass sein Ton den Mann getroffen hatte. Er schämte sich. »Sie gibt doch ihr Bestes. Wir werden dich nicht länger als nötig aufhalten.«

Mit hängendem Kopf verzog sich der Typ, er grummelte seinen Leuten etwas zu. Von der Rampe aus schaute Rob in die Menge, so als ob er alle anderen herausfordern wollte, die sonst noch Einwände hatten.

Emmie juckte es in den Fingern. Sie konnte sehen, dass ein bisschen Überzeugungsarbeit von hinten eventuell reichen würde, um das Pony auf den Hänger zu kriegen. Francesca hatte ihre Gedanken gelesen und legte ihr sanft die Hand auf den Arm. Weil sie ihre Mum nicht aufregen wollte, biss Emmie sich auf die Zunge, sie wollte keinen Streit anfangen.

»Weißt du, was, Rob«, sagte der Auktionator, der für heute mit seiner Arbeit fertig war, »lass uns mal gucken, ob wir helfen können.« Er und einer seiner Mitarbeiter stiegen auf die Rampe, sie hakten die Arme hinter dem Hinterteil der Stute ineinander, bewegten sich langsam vorwärts und schoben sie dabei voran. Ganz so, als ob der Stute nun klar wurde, dass sie überstimmt war, bewegte sie sich mit einem Ruck nach vorn und stolperte auf den Hänger. Dort machte Rob sie hinter der Fahrerkabine fest. Auf dem Viehwagen sah sie noch erbärmlicher aus.

Rob sprang vom Hänger und schloss die Klappe, dann schüttelte er den Männern die Hände, bevor er sich zu den Wartenden umdrehte. »Danke für eure Geduld, Leute!«, rief er.

Zu Emmie und Francesca sagte er: »Ich fahre langsam, ich werde also ziemlich weit hinter Ihnen zurückbleiben, aber keine Sorge, ich finde Sie schon. In Pippin, haben Sie gesagt? Gleich neben der alten Apfelplantage? Loves Äpfel?«

»Ja«, sagte Francesca. »Nest Street Nummer sechs. Wir fahren vor. Bis wir da sind, ist es dunkel. Wir haben gar nichts für sie, nicht mal Heu.«

Emmie merkte, dass Rob begriff, wie wenig vorbereitet sie auf ein Pony waren – und auf so ein vernachlässigtes Tier erst recht.

»Wir bringen sie erst mal rüber«, sagte er. »Alle anderen Probleme lösen wir dann, wenn sie sich stellen. Unterwegs kann ich ein bisschen nach Heu rumtelefonieren.«

Emmie guckte ihn scharf an. Meinte er etwa, sie sollten erst mal abwarten, ob das Pony die Fahrt überlebte? Sie hatte das deprimierende Gefühl, dass es in einem viel schlechteren Zustand war, als sie ahnten.

Ehe Emmie fragen konnte, lächelte Rob ihnen zu und sagte: »Wir sehen uns dann in Pippin. Ich rufe an, falls es irgendwelche Änderungen geben sollte.« Er ging zur Fahrerkabine.

Auf dem Weg zurück über die fast leere Wiese nahm Emmie die Hand ihrer Mutter. Van-essa stand ganz allein im hohen Gras, mit dem großen Sofa auf der Ladefläche.

»Hallo, Mädchen«, sagte Francesca, steckte den Schlüssel ins Zündschloss und tätschelte das Lenkrad liebevoll. Auch Emmie fühlte sich gleich ruhiger, als sie wieder im vertrauten Van saß, obwohl ihre Gedanken beim Pony waren. Sie schaute nach draußen, wo der Himmel dunkel wurde, und entdeckte den ersten Stern.

Francesca sah, wo sie hinguckte, und sagte: »Wir sollten uns von dem Stern wünschen, dass das Pony wieder auf die Beine kommt.«

Emmies Mum war abergläubisch. Emmie und sie waren sich nie einig, wenn es um Dinge ging wie Sterne und Wünsche – Emmie mochte Fakten. Sie schüttelte den Kopf, aber Francesca lächelte. »Es schadet nie, dem Universum klarzumachen, was man braucht«, sagte sie, machte die Augen zu und sandte schweigend einen Wunsch ans Universum.

»So, das ist ein guter Anfang.« Sie schlug die Augen wieder auf. Mit einem kleinen Stirnrunzeln ergänzte sie: »Hoffentlich habe ich das Richtige getan.«

Emmie guckte sie an. »Ich weiß, dass es ein Versehen war, aber was hätten wir denn sonst machen sollen?«

»Eben.« Francesca lächelte. Plötzlich sah sie müde aus. »Für unsere Begriffe war das mit Sicherheit ein eher ungewöhnliches großes Abenteuer, oder?«

»Für das Pony mehr so was wie eine Rettung, Befreiung, Erlösung als ein großes Abenteuer«, sagte Emmie.

»Was es wohl für eine Geschichte hat?«, sagte Francesca, als sie hinaus auf die Landstraße fuhren. »Das hier war eindeutig ein Irrsinn, Leichtsinn, Glücksspiel.« Das klang unheilvoll. »Sie wird sicher unser größtes Restaurierungsprojekt. Wir wollen nur hoffen, es ist nichts kaputt, das nicht wieder repariert werden kann.« Sie griff nach Emmies Hand und drückte sie, und Emmie wusste, dass das eine leise Warnung war, sich nicht allzu große Hoffnungen zu machen – und das Versprechen, es zu versuchen.

5. Kapitel

Den größten Teil der Fahrt legten sie schweigend zurück. Der Himmel war lila, die Gummibäume in den vorüberziehenden Feldern waren einsame Schemen in der fahlen Dämmerung. Dann schien irgendwo das Licht ausgeknipst zu werden – und es war pechschwarze Nacht.

Eine Zeitlang fuhr der Viehtransporter dicht hinter ihnen, sein Scheinwerferlicht wurde von Van-essas Seitenspiegeln reflektiert, aber er fiel immer weiter zurück, bis es irgendwann sinnlos wurde, sich nach ihm umzudrehen.

»Wir haben sie verloren«, sagte Emmie und wandte sich vom Fenster ab.

Francesca schaute angestrengt in den dunklen Himmel. »Die packen das schon, aber ich glaube, wir könnten Regen kriegen.«

Als ob sie einen Zauberspruch gesagt hätte, fing es auch schon an. Ein leichter Nieselregen bedeckte die Windschutzscheibe, bis plötzlich dicke Tropfen herunterprasselten.

»Oh nein, armes Pony«, sagte Emmie. Sie stellte sich vor, wie elend die Stute sich auf dem offenen Hänger fühlen musste.

»Sie übersteht das schon«, sagte Francesca, als wolle sie sich selbst überzeugen. »Sie steht im Schutz der Fahrerkabine, und sie muss nur noch etwa eine Stunde durchhalten. Wir brauchen Benzin.« Sie zeigte auf die Leuchtreklame der Tankstelle, die durch den Regen schien.

»Das gibt ihnen Gelegenheit aufzuholen, obwohl Rob gesagt hat, er würde langsam fahren.«

An der Zapfstelle war es eisig kalt, Windböen trieben Regen unter die Überdachung. Emmie konnte sich gar nicht vorstellen, wie kalt dem Pony sein musste. Das hier war ganz anders als die Fahrten mit Chet, der immer mit einer Decke auf dem Rücken in ihrem Pferdehänger gestanden und sein Heu gefressen hatte. Emmie trat von einem Fuß auf den anderen und zog mit steifen Fingern den Reißverschluss von ihrem Mantel hoch. Schließlich war Van-essa abgefüllt, aber der Viehlaster war immer noch nicht vorübergefahren.

»Die liegen aber weit zurück«, sagte Emmie besorgt.

»Komm, wir holen uns was zu essen – und dann machen wir uns wieder auf den Weg«, drängte Francesca, aber Emmie blieb stehen und starrte weiter raus in den fließenden Verkehr, bis ihre Mutter schließlich die Geduld verlor. »Emmie, ein Kessel, den man anstarrt, kocht nie. Abendessen – und danach geht's weiter.«

Als sie schließlich durch Pippin fuhren, waren sie allein auf der Straße. Immer wieder guckte Emmie in den Seitenspiegel, aber vom Viehwagen war nichts zu sehen.

»Mach dir keine Sorgen«, sagte Francesca. »Dieses Pony hat so lange überlebt, irgendwas sagt mir, dass es durchhalten wird, bis es zu uns nach Hause kommt.«

Sie seufzte, als sie schließlich vor ihrem kleinen Holzhaus hielt. »Geschafft.« Mit der Tür in der Mitte und je einem Fenster links und rechts davon sah das Haus aus wie von einem Kind gemalt. Das Tor wirkte jetzt noch alberner. Sie mussten doch ein Pony einzäunen.

In Pippin gab es jede Menge kleiner Häuser, die meisten waren allerdings in traditionellen Farben gestrichen. Ihres hatte eine wunderschön dunkle Farbe, irgendwo zwischen Lila und Dunkelblau, wie eine reife Pflaume. Die Tür war knallrot, und Fenster- und Türrahmen waren cremefarben. Als Francesca Emmie die Farben gezeigt hatte, war sie der Meinung gewesen, ihre Mutter habe es nun doch etwas zu weit getrieben mit ihrem Farbding. Auch wenn das verständlich war nach all dem Weiß in Sydney. Sie musste aber zugeben, dass es ein fröhliches Haus war, es erinnerte sie an diese erste Fahrt im Herbst, die sie auf die Hauptstraße von Pippin geführt hatte. Die Bäume hatten geleuchtet wie Fackeln, und Francesca hatte gesagt: »Mir kommt es vor, als würde ich durch Schokolade fahren.« Das ergab einerseits keinen Sinn, war andererseits aber völlig richtig, denn alles sah so unglaublich appetitlich aus.

Emmie sprang aus dem Wagen, weil sie das Tor öffnen wollte, und landete in einer riesigen Pfütze auf der Auffahrt.

»Hier hat es ordentlich geregnet«, sagte sie und schob das alte Tor zurück.

Van-essas Motorengeräusche wurden vom Viehtransporter übertönt, der jetzt in ihre Straße einbog.

»Sie sind da!« Emmie wedelte mit den Armen, damit sie auch ganz bestimmt gesehen wurde. Als ob ein großer rehbrauner Van vor einem lila Haus zu übersehen war! Da konnte es noch so dunkel sein.

Der Viehwagen rumpelte auf den Straßenrand und kam zum Stehen, die Räder versanken im nassen Gras. Rob ließ den Motor laufen und rutschte aus der Fahrerkabine.

»Das hat also geklappt?«, fragte Francesca.

»Ja, so weit, so gut«, antwortete Rob mit einem Nicken. »Aber wir müssen das Pony ausladen und irgendwo unterstellen. Haben Sie einen Platz, wo sie hin kann? Der Vorgarten kommt ja wohl nicht infrage.« Er lächelte und wies auf den fehlenden Zaun. Die drei schauten sich nach einer Lösung um.

Schließlich sagte Emmie: »Wie wär's denn mit dem Carport?«

Der Carport war nichts weiter als ein Dach zwischen dem Haus und der Werkstatt ihrer Mutter. An der hinteren Wand war das Feuerholz drei Reihen tief gestapelt, den vorderen Teil würden sie absperren müssen.

»Können wir sie da reinstellen?«, fragte Rob Francesca.

»Das wäre schon möglich«, sagte sie und fuhr sich mit der Hand über die Stirn. »Vorausgesetzt wir finden was, das sie da drinnen hält.«

Rob grinste sie frech an und sagte: »Also, Ihr Sofa ist wahrscheinlich gerade breit genug.«

Dieser Vorschlag schien Francesca dann doch zu weit zu gehen. »Das wäre mir nicht so recht«, sagte sie.

»Du hattest doch sowieso vor, es zu restaurieren, oder?«, fragte Emmie.

»Ach, verstehe. Sorry, ich dachte, ihr redet von meinem Sofa im Wohnzimmer. Das war ein langer Tag. Selbstverständlich können wir das benutzen«, sagte Francesca erschöpft.

»Okay«, sagte Rob, »dann wollen wir sie mal abladen. Die Rampe vom Viehwagen ist zu kurz, ich brauch was zum Ranfahren, das nicht zu steil ist. Keine Sorge, ich hab schon eine Idee.«

Mit großen Schritten ging er auf das Nachbarhaus zu und klopfte an die Haustür von Percy und Connie. Nach einer Weile ging das Licht auf der Veranda an, und Percy erschien an der Tür, im karierten Bademantel über Pyjama und Puschen.

Was gesagt wurde, konnten Emmie und Francesca nicht verstehen, aber sie verfolgten den Austausch wie eine Pantomime: Rob zeigte auf sie, den Viehwagen und einen großen Haufen Rindenmulch, der vor Percys Tor lag und darauf wartete, im Garten verteilt zu werden.

Schließlich ging Percy wieder rein, und Rob kam zurück. Er zeigte auf den Rindenmulch. »Perfekt ist das nicht, ist noch immer ziemlich steil für sie, aber sie wird weniger ins Rutschen kommen.«

Wie gebannt behielten Emmie und Francesca den rückwärts fahrenden Wagen im Auge. So brauchten sie einen Moment, bis sie merkten, dass Percy – immer noch im Bademantel, aber mit Mütze und Handschuhen – Rob in die richtige Richtung winkte. Er hob die Hand und zeigte ihm an, dass der Wagen weit genug herangefahren war.

Die Tür zur Fahrerkabine ließ Rob offen, als er zur Klappe vom Hänger ging. Er drehte an einer Kurbel über dem Hinterrad, und langsam senkte sich die Rampe, bis sie auf dem Mulchhaufen aufsetzte.

»Immer noch steil«, meinte Percy.

»Wir haben nichts anderes«, antwortete Rob achselzuckend – und ein bisschen finster.

Als er über den Haufen auf den Hänger klettern wollte, rutschte Rob aus und suchte am Hänger Halt. Eine Plane, die vorher nicht dagewesen war, spannte sich über einer Fuhre Heu. »Ein Freund hat mich unterwegs mit ein paar Ballen Heu abgepasst. Das sollte für den Anfang reichen!«, rief er. Emmie traten die Tränen in die Augen, weil das so nett war, und Francesca sagte: »Was hätten wir ohne Sie bloß gemacht?« Aber Rob erwiderte nichts, er konzentrierte sich darauf, das Pony loszumachen.

Emmie hatte gehofft, die Stute würde sich für die neue Umgebung interessieren und vielleicht ein bisschen besser aussehen, aber sie sah eher schlechter aus. Ihre Beine waren weit gespreizt, wie bei einem Fohlen, das Stehen lernt, und sie hängte sich ins Halfter, um so das Gleichgewicht zu halten.

»Was kann ich machen?«, fragte Emmie.

Rob musterte sie mit einem abschätzenden Blick.

»Wenn ich sie bis an die Rampe gebracht habe, muss ich ihr vielleicht Mut machen, damit sie vorangeht, runter vom Wagen und auf die Rampe. Wenn ich dir dann den Führstrick gebe, kannst du sie dann festhalten, wenn sie rauskommt? Was meinst du?«

Die Rampe sah eher aus wie die Planke von einem Piratenschiff. Emmie schob ihre Zweifel beiseite und sagte: »Ja, das schaffe ich.«

»Gutes Mädchen«, sagte er.

»Soll ich das für dich machen, Emmie?«, fragte Percy hinter ihr.

»Nein, danke, ich krieg das hin«, sagte Emmie, die froh war, dass sie endlich in die Nähe des Ponys kommen durfte.

Rob drehte die Stute vorsichtig um, auf dem Hänger war es durch den Regen gefährlich glitschig geworden. Als er das Pony auf die Tür zugeschoben hatte, griff Emmie hoch und nahm den Strick in die zitternden Hände. Sie hatte die Handschuhe vergessen.

»Bist du sicher, dass Percy das nicht lieber machen soll, Emmie?« Francesca klang angespannt.

»Nein«, sagte Emmie. »Alles gut, bestens, okay.« Und das meinte sie auch so. Hinter ihr erzählte Francesca Percy gerade, wie es dazu gekommen war, dass sie jetzt ein Pony bei Dunkelheit und Regen abluden.

»Wir machen das so langsam, wie es geht«, sagte Rob, der mit dem Pony oben an der Rampe stand. »Eile ist sinnlos.«

Er trat einen Schritt zurück, stellte sich ans Hinterteil der Stute und tippte sie sachte an, dann gab er ihr einen Schubs und sagte ermutigend: »Nun geh, Mädchen.«

Das Pony machte einen halben Schritt und dann noch einen, aber eigentlich schlurfte es eher.

»Gutes Mädchen«, sagte Emmie, die den Strick so hielt, dass die Stute nicht zurückkonnte, aber immer noch locker genug, um ihr Mut zu machen, vorwärtszugehen. Rob schob sie noch ein Stück, und schließlich ragten die langen Enden ihrer vernachlässigten Hufe über die Ladefläche und bis an die Rampe.

»Mach dich bereit, Emmie«, sagte Rob. »Sie könnte mit Schwung runterkommen. Weiter, Mädchen, noch ein kleines Stück.«

Er schlang den Arm um das Hinterteil und versuchte die Stute nach vorn zu schieben. Einen Moment lang hielt sie dagegen und leistete Widerstand, und dann, ohne Vorwarnung, machte sie einen Satz auf die rutschige Rampe – mit beiden Vorderhufen voran. Die rutschten ihr weg, während die Hinterhufe noch immer auf dem Wagen standen. Es sah nach einer Bauchlandung aus, aber dann rappelte sie sich mit fürchterlichem Lärm hoch, warf den Kopf hin und her, während sie versuchte, sich auf den Beinen zu halten. Ihre Flanke schlug heftig gegen den Wagen.

»Vorsicht, Emmie!«, rief Percy. Francesca schrie vor Schreck auf. Plötzlich waren auch die Hinterhufe auf der Rampe. Einen Moment lang schlidderte die Stute wie auf einer Eisbahn, im nächsten Moment brannte der entgleitende Führstrick in Emmies Händen. Die Stute stürzte, die Beine rutschten von der Rampe. Sie konnte sich nicht halten und krachte in den Rindenmulch, wo sie auf der Seite liegen blieb. Ihr Kopf hatte den steinigen Straßenrand nur knapp verfehlt.

Emmie kletterte über die Rampe zum Kopf des Ponys. Die kleine Stute regte sich nicht. Sie war von oben bis unten mit Mulch bedeckt. Nur ihre Flanken hoben sich wie Blasebälge, und ab und zu zeigte sie mit einem trägen Blinzeln der Augen, dass sie noch lebte. Sie versuchte nicht mal aufzustehen.

Emmie merkte, dass Francesca sie zurückziehen wollte, damit sie nicht im Weg war, aber sie schüttelte sie ab. Sie konzentrierte sich voll und ganz auf das Pony – und nichts anderes.

Rob hockte sich neben Emmie und sagte ruhig: »Ihr ist nichts passiert, Emmie.« Er tätschelte ihre Schulter. »Sie ist schlimm gestürzt und hat einen Mordsschrecken gekriegt. Vielleicht ist ihr die Luft weggeblieben, aber sie ist weich gelandet. Warte ab, sie steht bald auf.«

Emmie hörte ihn, glaubte ihm aber nicht. Irgendwas an dem Pony erinnerte sie an die Besuche bei ihrer Oma damals, als die sterbend im Krankenhaus gelegen hatte. Emmie hatte gewusst, dass sie müde war und bereit, das Leben loszulassen. Dieser Stute ging es genauso, das spürte sie. Emmie betrachtete das Pony, das im Dreck am Straßenrand lag und nicht wieder aufstehen wollte. Menschen waren dafür verantwortlich, dass es so weit gekommen war. Einen Augenblick lang sah Emmie Berge abgelegter Kleidung vor sich, weggeworfen, verschwendet, genau wie dieses Pony.

Francesca wandte sich an Rob, der nun aufstand. »Was machen wir jetzt? Hätten wir sie vielleicht erlösen sollen?«

Emmie wusste, dass ihre Mum meinte: Wäre es gnädiger gewesen, wenn wir sie dem Hundefuttermann überlassen und ihrem Leiden ein Ende gemacht hätten?

Ich gebe noch nicht auf, beschloss Emmie. Aber als sie das arme Pony im Regen liegen sah, wusste sie nicht, ob sie überhaupt hoffen durfte. Sie hatte schon mal ein Pferd gehabt, aber auf so was war sie nicht vorbereitet. Einen Moment lang wünschte sie sich, wieder ganz klein zu sein. Sie wünschte sich ihren Dad mit all seiner Sicherheit in Pferdefragen herbei, sie wollte aufstehen und die Verantwortung abgeben, aber stattdessen fuhr sie mit einem Finger den hübschen Ponykopf entlang, die Stirn runter bis zum Maul. Dabei wischte sie

Dreck und Matsch von den Augen. Sie hatte die Verantwortung für dieses Pony, und keiner würde ihr diese Arbeit abnehmen. Emmie beugte sich über das Pony und flüsterte: »Nun komm, alles wird gut, aber du musst heute Abend noch ein Mal aufstehen. Gutes Mädchen, hoch jetzt. Komm schon, auf, auf.«

Das Pony rührte sich nicht. Emmie merkte, dass Rob eingreifen wollte, aber Percy hielt ihn zurück.

»Geben Sie ihr noch etwas Zeit«, sagte er und schnäuzte sich die Nase mit einem Taschentuch, das er aus dem Ärmel seines Bademantels gezogen hatte. »Ich hab schon seltsame Sachen zwischen Ponys und Mädchen gesehen.« Emmie schickte Percy einen stummen Dank.

Es fing wieder an zu regnen, dicke Tropfen fielen Emmie auf den Rücken und spritzten dem Pony Matsch ins Gesicht.

Emmie versuchte, den Kopf der Stute am Halfter hochzuziehen. »Bitte, mach doch, Mädchen«, sagte sie, kaum lauter als im Flüsterton. Irgendwas verriet ihr, dass durch Brüllen nichts zu erreichen war. Das Pony würde einfach hier am Straßenrand im Dreck liegen bleiben, während der Regen auf es einprasselte, und umgeben von Fremden sterben.

Jetzt, wo sie angefangen hatte, leise auf die Stute einzureden, konnte Emmie nicht mehr damit aufhören. Sie wusste nicht mal genau, was sie eigentlich sagte, aber die Stute rührte sich immer noch nicht. Allem Anschein nach war jetzt der Wille völlig erloschen, mit dem sie die Hungerzeiten überstanden hatte und der ihr den Mut gegeben hatte, auf den Wagen zu gehen und dort aufrecht stehen zu bleiben. Der Sturz hatte ihr das letzte Fünkchen Glauben genommen.

Irgendwas regte sich in Emmies Erinnerung. Ihr fiel wieder ein, wie Chet anderen Pferden seinen Atem in die Nase geblasen hatte, so hatten die Pferde kommuniziert. Und da Emmie nichts zu verlieren hatte, senkte sie den Kopf bis fast in den Matsch und pustete dem Pony sanft in die haarigen Nasenlöcher. Die Stute ließ nicht erkennen, dass sie das überhaupt bemerkte.

Emmie legte die Stirn an den dreckigen Kopf und dachte an die Dinge, die sie dem Pony sagen wollte: dass sie es liebten, obwohl sie es eben erst bekommen hatten, dass Emmie so leid tat, was mit ihm passiert war, und wie sehr Emmie wollte, dass es aufstand. Emmie dachte auch daran, wie sehr das Pony gelitten hatte und dass sie es verstehen würde, wenn es einfach nicht mehr weitermachen konnte – auch wenn es ihr das Herz brechen würde.

Dann legte sie den Mund an die samtige Schnute, und als die langen Tasthaare sie an der Wange kitzelten, pustete sie all ihre Gedanken und Botschaften und all ihre Liebe in die weiche Ponynase und hoffte, dass sie bis in sein Herz gelangten.

Dann setzte sie sich in den Matsch und streichelte ihm den Kopf. Was anderes konnte sie nicht tun.

Nichts tat sich. Die Sekunden vergingen, Emmie merkte, wie sich alle darauf vorbereiteten, ihr zu sagen, dass sie aufstehen und akzeptieren sollte, dass das Pony genug gehabt hatte. Ein schrecklicher Kloß Traurigkeit saß ihr in der Brust.

Sie wollte das Pony anflehen: »Oh, bitte, steh doch auf!« Aber das kam ihr nicht richtig vor. Es regnete heftiger, Emmie schaute sich um zu den anderen, und da spürte sie eine ganz leichte Bewegung unter ihrer Hand, die auf der Stirn des Ponys lag. Langsam drehte sie sich um, sie glaubte es kaum, aber sie spürte es wieder.

Rob sah es auch und trat hinter sie, er hob Emmie hoch und zog sie aus dem Weg. Emmie wollte sich wehren, aber Percy ließ das nicht zu. Leise sagte er: »Du hast genug getan. Wenn sie jetzt versucht aufzustehen, machst du ihr besser ein bisschen Platz.«

Zu viert standen sie in dem schwachen roten Lichtschein der Rückleuchten des Viehtransporters. Keiner von ihnen bewegte sich, nicht
mal, um sich den Regen vom Gesicht zu wischen. Ihre ganze Aufmerksamkeit, ihr ganzer Wille war auf das Pony gerichtet.

Und dieses hob den Kopf, als wäre der tonnenschwer. Langsam
wälzte die Stute sich auf die Seite, der Kopf wackelte. Alle hielten den
Atem an. Dann, mit einem angestrengten Stöhnen, kam sie auf die
Beine und richtete sich unsicher auf, ihr Hinterteil ragte auf dem
Mulchhaufen auf. Emmie hörte, wie alle seufzten, und Tränen schos-
sen ihr in die Augen.

Mit einem Schritt nach vorn hob Emmie den Strick und streckte
die Hand nach dem weichen Maul aus. Die Ohren gingen nach vorn,
die Stute pustete in Emmies ausgestreckte Hand. Für Emmie war das,
als habe sie ihr geantwortet, als habe sie gesagt, sie würde es versuchen.

»Percy, nun geh bitte wieder rein, du wirst ja nass – und vielen
Dank«, sagte Francesca, die Percy einen Kuss auf die nasse Wange
gab. »Ich will nicht, dass Connie mir Vorwürfe macht, weil ich dich
im Regen stehen lassen hab. Nun können wir Rob helfen.«

»Alles klar, Mädels.« Percy wischte sich die feuchten Augen.
»Singt, wenn ihr uns braucht, aber singt laut – ich schalte die Ohren
ab, und ihr werdet Connie wecken müssen.« Er spielte auf seine
Hörgeräte an. Ein Winken mit der knotigen Hand, dann schlurfte er
davon.

Rob, seit Franscesca ihm das Du angeboten hatte, vielleicht noch
gelassener als sonst schon, sagte: »Lasst sie uns erst mal unterstellen.
Francesca, wie wär's, wenn du schon mal den Van rückwärts ranfährst
und wir das Sofa abladen? Emmie, wir brauchen einen Eimer Wasser
für das Pony.«

Emmie nickte. Sie wollte das Pony nicht gern verlassen, aber sie reichte Rob den Strick, drehte sich um und ging auf die Haustür zu. Das Pony wieherte leise und wollte ihr hinterherlaufen.

»Schon in Ordnung«, sagte Francesca, die sah, wie ungern sie sich von der Stute trennte. »Sieh mal, ob du sie in den Carport kriegst.«

Emmie ließ das Pony das Tempo bestimmen. Am Blechdach, wo der Regen laut prasselte, war der Boden nicht mehr nass. Die kleine Stute blieb stehen und schaute nach unten, ehe sie schließlich ins Trockene trat. Ganz so, als würde sie wissen, dass sie ihr Ziel erreicht hatte, ließ sie den Kopf an Emmies Brust sinken und blieb stehen, es war kein Schritt mehr drin. Emmie stieß einen Seufzer aus, sie hatte gar nicht gemerkt, dass sie den Atem angehalten hatte.

»Fast geschafft«, sagte Rob, »aber wir müssen sie ein bisschen abtrocknen.«

»Und irgendwie zudecken«, sagte Emmie. »Sie zittert und sie hat kein Fett auf den Rippen, das sie warmhalten könnte.«

»Emmie, geh rein und hol die alten Handtücher, die hinter der Waschküchentür liegen«, sagte Francesca. Sie schaltete das Licht in der Werkstatt an, damit sie draußen sehen konnten. »Da liegt ein ganzer Stapel, den ich zerschneiden wollte, um Lasur damit aufzutragen. Die müssen reichen. Und schnapp dir den Eimer vom Wassertank. Rob und ich laden das Sofa ab.«

Emmie kam zurück, als Rob und Francesca gerade das Sofa mit dem Holzrücken vor den Carport hievten und dem Pony den Weg ins Freie versperrten.

»Klettere einfach drüber«, sagte Francesca, die gesehen hatte, wie Emmie stutzte. Sie schwang das Bein über die Rückenlehne und landete mit etwas Schwung in dem provisorischen Stall.

»Oh, das Polster … tut mir leid.« Emmie guckte auf den dreckigen Stiefelabdruck, den sie auf dem Sofa hinterlassen hatte.

»Macht nichts.« Francesca lachte. »Also, guck's dir doch mal an.« Sie hatte recht, das alte Sofa war ein ziemlich tragischer Fall – ehrlich gesagt passte es recht gut zum Pony.

Rob kletterte Emmie hinterher, und Francesca reichte ihm den Wassereimer.

»Ist der hier groß genug?« Sie guckte skeptisch.

»Für heute Nacht wird es reichen«, sagte Emmie.

»So, gib mir mal eins davon«, sagte Rob. Er nahm sich ein Handtuch und ging auf die andere Seite des Ponys. Er fing am Kopf an und rieb die Stute mit gleichmäßigen, kreisenden Bewegungen trocken. Das Handtuch wurde schnell braun, Robs Bemühungen schienen nur Matsch zu verteilen. Emmie arbeitete indessen auf der anderen Seite, sie spürte beim Trockenreiben die Rippen der Stute.

»Gibt es hier irgendwas, womit wir dieses Pony zudecken können? Ein paar alte Pferdedecken habt ihr nicht zufällig rumliegen, oder?«, fragte Rob.

»Nein, haben wir nicht«, sagte Francesca, die Emmie nicht ansah, »aber in meiner Werkstatt finde ich bestimmt was.« Emmie dachte an all die schönen Decken, die mit Chet verkauft worden waren, und die paar alten, die immer noch in dem Pferdehänger lagen, der irgendwo in der Stadt eingelagert war.

Sie hörten, wie Francesca Schranktüren auf- und zuklappte, dann kam sie wieder nach draußen und sagte: »Wie ist es denn damit?« Sie hatte die Arme voll mit alten karierten Wolldecken und einer total schrillen Häkeldecke. »Ich hab immer auf das richtige Projekt gewartet, um die mal als Bezugsstoff zu verwenden, aber für ein Pony in Not gehen sie auch, oder?«

»Ganz bestimmt«, sagte Rob. »Und Wolle hält warm.« Er nahm die oberste Decke, entfaltete sie und legte sie dem Pony vorsichtig über den Rücken. Die Stute rührte sich nicht, und das verriet ihnen noch etwas über sie: Sie hatte schon Decken getragen.

»Noch eine, bitte, Mum«, sagte Emmie und breitete die nächste Decke drüber.

Die Häkeldecke bildete den Abschluss. Rob trat einen Schritt zurück und begutachtete das Pony. »Nun müssen wir die nur irgendwie festbinden«, sagte er, aber Francesca war ihm schon einen Schritt voraus.

»Lasst mich mal ran«, sagte sie. Innerhalb von Minuten hatte sie ein Klettband aus ihrem Nähkasten vorne an der obersten Decke befestigt, das sie vor der Brust der Stute schloss. Hinten hielt sie mit einer blau-roten Vorhangschleife alles so gut es ging am Platz. Dann zog sie noch eine Schleife durch die Häkeldecke, und alles war perfekt.

»Solche Decken hatten wir als Kinder«, sagte Rob lächelnd. »Ich hatte ganz vergessen, wie bunt die sind.«

Francesca lachte. »Ja, ziemlich bunt, oder? Wer fand denn bloß, dass so viele knallige Karos eine gute Idee sind? Das ist vielleicht ein Aufzug. Ich hoffe, sie stirbt nicht vor Peinlichkeit!«

»Ich hoffe, sie stirbt auch sonst nicht«, sagte Rob.

»Sie wird nicht sterben«, sagte Emmie mit einer ganz neuen Sicherheit. »Das weiß ich.«

»Da bin ich ganz deiner Meinung, Emmie«, sagte Rob. Er hielt sich die Hand vor den Mund, weil er gähnen musste. »Widersteh der Versuchung, ihr zu viel Heu auf einmal zu geben. Langsam und regelmäßig, das ist das Beste. Sicher ist sie schon eine ganze Weile nicht mehr ordentlich gefüttert worden.« Er holte sein Taschenmesser aus der

Jeans und schnitt die Schnur vom Heuballen durch, dann reichte er Emmie eine Portion Heu, die ihr winzig vorkam.

»Immer nur ein bisschen«, sagte Rob. »Du kannst sie aber alle paar Stunden füttern. Und ein Tierarzt muss sie sich auch ansehen. Kennt ihr den Tierarzt hier?«

»Nein«, sagte Francesca, »aber ich frage die Nachbarn.«

»Selena Lane ist die Richtige, ich schicke dir mal die Nummer.« Rob holte das Handy aus der Tasche. Als Francescas Handy ein Ping von sich gab, nickte er. »Ich schreibe ihr gleich eine Nachricht, das macht ihr nichts aus. Vielleicht kann sie ja morgen früh kommen.«

»Okay, dann ist jetzt alles so weit in Ordnung – und wenn nicht, dann habt ihr ja Selenas Nummer«, sagte Rob. »Ich muss jetzt los, ich hab noch eine lange Fahrt vor mir, aber ich komme hier morgen wieder vorbei, wenn ich eine Ladung Vieh abhole. Dann bringe ich noch mehr Heu mit und gucke mal, wie ihr klarkommt – wenn das okay ist?«

Francesca nickte. »Natürlich ist es das. Wir wüssten nicht, was wir ohne deine Hilfe gemacht hätten. Ehrlich. Bitte, lass mich dafür zahlen, dass du das Pony nach Hause gebracht hast.« Die Dankbarkeit war ihr anzuhören.

»Das war kein Umweg für mich, und ich hab gern geholfen.« Rob lächelte. »Ich berechne euch nichts dafür – unter einer Bedingung«, sagte er und lächelte Emmie müde an.

»Und die wäre?«, fragte Emmie.

»Es wäre toll, wenn sie einen Namen hätte, bis ich wieder hier vorbeikomme.« Er gähnte und machte sich auf zu seinem Viehwagen.

Emmie lächelte. Er hatte recht. »Okay. Wie sie wohl heißt? Ich hab schon überlegt. Im Auktionskatalog stand nichts, oder, Mum?«

»Nein, nichts«, sagte Francesca. »Überhaupt keine Informationen.«

Durch die Dunkelheit rief Rob leise »Gute Nacht«, dann hörten sie den Lastwagen starten und davonrumpeln. Plötzlich waren sie nur noch zu zweit, im Carport, mit einem Pony, das in alte Wolldecken und eine Häkeldecke verpackt war. Sie schauten sich an und fragten sich, wie in aller Welt das passiert war.

Francesca sammelte die ungenutzten Wolldecken auf, warf sich auf das Sofa und klopfte auf den Platz neben ihr. Emmie fuhr noch einmal mit der Hand über den Hals der Stute, die langsam das Heu hin und her schob, dann kuschelte sie sich neben ihre Mutter.

»Lass uns eine Weile bei ihr bleiben«, sagte Francesca. Sie schälte sich aus dem nassen Mantel und zog eine Wolldecke über sich und ihre Tochter.

»Glaubst du, es macht ihr was aus, wenn wir hier sind?« Emmie lehnte sich an ihre Mutter.

»Ich glaube, sie mag das. Als deine Oma krank war, bin ich auch immer ins Krankenhaus gegangen und hab bei ihr gesessen. Ich glaub, meistens wusste sie gar nicht, dass ich da war, aber gelegentlich hat sie meine Hand gedrückt, wenn ich gehen wollte. Weißt du, als ich gesagt habe, eines Tages würde ich dir ein neues Pferd verschaffen, hab ich mir das ehrlich gesagt anders vorgestellt.« Francesca lachte leise.

Emmie lächelte. »Eigentlich hab ich nie ein anderes Pferd haben wollen«, sagte sie, wusste aber, dass das nicht so ganz stimmte. »Nicht nach den Dressurturnieren mit Dad.« Francesca würde verstehen, wie sie das meinte. Nach einer kleinen Pause fragte sie: »Glaubst du, dass sie wieder gesund wird?« Emmies Stimme war ganz leise.

»Ja, das glaube ich«, sagte Francesca genauso leise.

»Woher weißt du das?«, flüsterte Emmie.

»Ich glaub das einfach, Emmie. Ich habe das Vertrauen, dass sie aus einem Grund zu uns und wir zu ihr gekommen sind. Außerdem habe ich heute Morgen den Buschkauz gehört.« Francesca drückte Emmies Hand, als sie das sagte, sie wusste ja, was Emmie von Aberglauben hielt.

»Wie wirst du sie nennen?«, fragte sie.

Emmie schaute das Pony an. Endlich hatte es aufgehört zu zittern, stand ruhig und friedlich da und kaute sein Heu. »Das«, sagte sie, »ist eine sehr gute Frage.«

Eine Weile später fragte sie: »Was, glaubst du, wird Dad sagen?«

»Das«, antwortete Francesca und rubbelte Emmie den Kopf, »ist eine noch viel bessere Frage.«

6. Kapitel

Emmie wälzte sich auf die Seite und guckte noch mal auf den Wecker. Es war 2 Uhr 17, sieben Minuten später als beim letzten Mal. Wie es dem Pony wohl ging? Um Mitternacht hatten sie ihm noch etwas Heu hingelegt und waren dann zu Bett gegangen, aber Emmie fühlte sich von der Stute fast schon magnetisch angezogen.

Ich könnte einfach mal nach ihr sehen, Mum würde das gar nicht merken, dachte sie. Sie nahm ihre Stirnleuchte vom Nachttisch. Die bewahrte sie immer dort auf, für den Fall, dass es Gewitter gab und der Strom ausfiel. Unter der Bettdecke schaltete sie das Licht ein und prüfte die Batterien.

Dann zog sie schnell einen alten Pullover über den Schlafanzug, setzte die Mütze auf und blieb einen Moment unentschlossen stehen. Wenn sie zur Haustür rausging, könnte Francesca sie hören, wenn sie aber die Hintertür nahm, würde das Licht vom Bewegungsmelder sie vielleicht wecken. Sie drehte sich nach rechts, nach links und dann wieder zurück zum Ausgangspunkt. Genervt über sich selber beschloss sie, durch die Haustür nach draußen zu schleichen.

Emmie war fest davon überzeugt, dass sie ganz leise gewesen war, aber das Pony hielt schon Ausschau nach ihr, als sie an der Veranda um die Hausecke bog. Im Licht der Stirnlampe glänzten die Augen der Stute, die leise prustete, als Emmie noch eine Handvoll

Heu hinter das Sofa fallen ließ, bevor sie in den kleinen Stall kletterte.

»Hallo, Mädchen«, flüsterte Emmie. Sie ging auf die Stute zu und atmete den wunderbaren Pferdegeruch ein.

Die Stute berührte Emmies Hand sanft mit dem Maul, ehe sie den Kopf zum Heu hinunterbeugte. Die Wolldecken waren verrutscht und hingen ihr lose um den Hals.

Emmie setzte sich aufs Sofa, sie schaltete die Stirnlampe aus, und ihre Augen gewöhnten sich an die Dunkelheit. Eigentlich hätten wir das Sofa umdrehen müssen, sodass die Sitzfläche nach außen zeigt, dachte sie, das wäre sinnvoller gewesen, aber so war es schöner. *Ich bleibe nur ganz kurz, dann geh ich wieder ins Bett.* Einfach so in der Stille zu sitzen und zu lauschen, wie das Pony langsam malmte, hatte was Hypnotisches. Als die Kälte ihr dann doch in die Schultern kroch, griff Emmie nach den Wolldecken, die sie im Carport liegen gelassen hatten. Sie wickelte sich darin ein und streckte sich auf dem Sofa aus, Auge in Auge mit dem Pony. Nur nicht einschlafen, schärfte sie sich ein. Die Stute schnupperte an ihr, Emmie spürte ihren Heuatem wie ein Streicheln auf dem Gesicht.

»Wie ist denn deine Geschichte, schönes Mädchen?«, flüsterte Emmie ihr zu. Ob die kleine Stute wohl eingeritten war? Und zu welcher Rasse mochte sie gehören? Wie konnte es angehen, dass sie auf einer verlassenen Farm gelandet war? Und wie lange war es her, seit irgendjemand sie gepflegt oder sonst irgendwas mit ihr gemacht hatte?

Zum ersten Mal dachte Emmie so richtig darüber nach, wie groß das Risiko war, das sie eingegangen waren – auch wenn es ein Versehen gewesen war –, und wie mutig Francesca gehandelt hatte, als sie Verns Angebot ausgeschlagen hatte. Dabei hatte sie nie etwas mit Pferden im Sinn gehabt. Das war Stevens Rolle gewesen. Emmie fand – und das war beinahe ihr Ernst –, dass sie dem Buschkauz eine Menge zu verdanken hatte. Und als hätte er ihre Gedanken gehört, klang der Ruf des Vogels von den hohen Bäumen im Park zu ihr herüber.

»Vielleicht sollte ich dich Kauz nennen?«, meinte Emmie. Doch sie merkte gleich, dass das nicht passte. Sie unterdrückte ein Gähnen. Dann nahm sie sich fest vor, gleich nach drinnen zu gehen, und zog die Decken bis unters Kinn. Das Letzte, an das sie sich erinnerte, war, dass die Stute ihr sanft ins Gesicht atmete. Emmie schlief tief und fest und merkte nicht, dass das Pony mit leicht entspanntem Hinterbein neben ihr ruhte.

Ein Zupfen im Haar weckte sie, dann knabberte das Pony an ihrer Wange. »Dir auch einen guten Morgen«, sagte Emmie und schob die Stute sanft so weit zurück, dass sie die Beine vom Sofa schwingen und sich aufsetzen konnte.

»Guten Morgen, ihr beiden«, sagte Francesca in dem Moment, in dem Emmie der Duft vom Morgenkaffee ihrer Mum in die Nase stieg.

»Ich muss sagen, dass es mich nicht besonders überrascht, dich hier draußen zu finden«, sagte Francesca.

Emmie zog den Kopf ein. »Ich hatte nicht vor einzuschlafen. Ich bin nur rausgegangen, weil ich mal nach ihr schauen wollte, und dann … bringst du mir auch schon Kaffee ans Bett.« Emmie reckte sich und lächelte. »Sie sieht schon ein bisschen besser aus, findest du nicht?«

»Ja, stimmt«, sagte Francesca. Sie nahm einen Schluck Kaffee. »Und Selena, die Tierärztin, kommt in etwa einer halben Stunde. So gegen acht, hat sie gesagt.«

»Moment mal, ist es schon halb acht?«, rief Emmie. »So lange schlafe ich sonst nie. Dann ziehe ich mich besser mal an und miste diesen Stall aus.« Als sie aufstand, wusste sie, dass sie eigentlich so müde wie nie zuvor sein müsste, aber zum ersten Mal seit Monaten kam es ihr so vor, als ob ein Funke ihrer alten Energie zurück wäre.

Der provisorische Stall war gerade sauber, als ein leuchtend orangefarbener Jeep vorfuhr. Eine kleine Frau, wahrscheinlich so um die dreißig, schätzte Emmie, stieg aus und machte das Tor auf.

»Lassen Sie es offen!«, rief Francesca, die aus der Werkstatt kam und sich die Hände mit einem Lappen abwischte.

Selena trug Jeans, ein langärmliges kariertes Hemd und eine graue Daunenweste. Sie strahlte eine Zuverlässigkeit aus, die Emmie gefiel.

»Guten Morgen.« Die Tierärztin lächelte Francesca und Emmie an. Sie zog den Reißverschluss ihrer Weste hoch und hängte sich das Stethoskop um den Hals. »Ich bin Selena. Wen haben wir hier?«, fragte sie mit einer Kopfbewegung Richtung Stute.

»Ich bin Francesca, das ist meine Tochter Emmie, und dies ist unser geheimnisvolles Pony, das wir gestern aus Versehen auf einer Auktion gekauft haben.« Francesca sah müde aus, als sie das sagte.

»Verstehe«, sagte Selena und das klang, als könne sie nichts überraschen.

»Hübsche Wolldecken.« Selena lächelte, schob das Sofa ein Stück vom Pfosten weg und quetschte sich neben das Pony in den Stall. Dann hielt sie der Stute die Hand hin, damit die daran schnuppern konnte.

»Soll ich die Decken abnehmen?«, fragte Emmie.

»Gleich«, antwortete Selena, die der Stute gerade ins Maul schaute. Sie prüfte das Zahnfleisch und die Augen, befühlte den Bereich unter den Backenknochen und hob dann die Mähne und zupfte sie sorgfältig auseinander. Dabei rieb sie der Stute vorsichtig den Kopf und sah sie sich ganz genau an.

»So«, sagte sie schließlich, »wenn du diese Decken abnimmst, halte ich sie – sieht aber nicht so aus, als würde sie sich wehren.« Sie lächelte.

Selena betastete das Pony mit sanften Händen. Dann setzte sie das Stethoskop da auf, wo der Sattelgurt sitzen würde, schaute auf die Armbanduhr und untersuchte das Herz. Sie befühlte die Brust, aber die Stute zuckte zusammen und wich aus. »Sorry, Mädchen«, sagte Selena, die ihre Hände jetzt am Bein des Ponys heruntergleiten ließ. Die kleine Stute hob den Huf zuvorkommend. Emmie hörte, wie sich die Tierärztin jedes Mal, wenn sie einen Huf wieder auf die Erde stellte, leise bedankte.

»Diese Hufe sollten dringend bearbeitet werden.« Selena richtete sich auf. »Ich messe nur noch ihre Temperatur, dann können wir uns über alles unterhalten.«

Am Ende der Untersuchung legte Selena der Stute eine Wolldecke über den Rücken.

Emmie hörte, wie sie zu dem Pony sagte: »Ach, mein Schatz, das Leben kann für Pferde ganz schön schwer sein, nicht wahr?« Selena streichelte die Stute noch einmal, dann wandte sie sich an Emmie. »Führst du sie bitte die Auffahrt hoch und wieder zurück?«

Es dauerte eine Weile, das Pony am Sofa vorbeizukriegen. Die Stute machte kleine, verhaltene Schritte die Auffahrt hoch.

»Okay, danke, das reicht, du kannst sie wieder in den Unterstand bringen«, rief Selena. Sie zögerte, so als würde sie ihre Worte sorgfältig wählen, dann sagte sie: »Da hast du dir ja was vorgenommen, aber ganz schlimm ist es nicht.«

Emmie packte den Führstrick etwas fester.

»Dein Pony ist untergewichtig, aber nicht ernsthaft. Ans Futter muss es vorsichtig herangeführt werden. Was haben Sie ihr bisher gegeben?«

»Nur das Heu«, sagte Francesca und zeigte auf den Ballen, »alle paar Stunden, auch die Nacht hindurch.«

Selena nickte. »Perfekt, damit ist sie also zurechtgekommen, das ist ein gutes Zeichen. Gras wird sie auch brauchen, das wird helfen, und Luzerne, wenn Sie welche beschaffen können. In ein paar Wochen können Sie nach und nach mit Pellets anfangen. Zum Glück hört sich ihr Herz kräftig an.«

»Sie wirkt so viel aufgeweckter als gestern«, sagte Emmie, die unbedingt was Positives einwerfen wollte.

»Das ist gut«, sagte Selena freundlich. »Aber sie hat Fieber, vermutlich eine Entzündung in der Brust – deshalb ist ihr Schritt so kurz. Dafür braucht sie ein Antibiotikum, und ihr könnt auch sonst einiges tun, damit es ihr schnell besser geht. Die Hufe, wie ich schon sagte … Ich geb euch den Namen von einem guten Hufschmied – und dann hat die Arme auch noch Läuse.«

»Echt?« Emmie machte unwillkürlich einen Schritt zurück.

»Keine Sorge.« Selena lächelte. »Die kriegst du nicht. Idealerweise würden wir sie als Erstes scheren und dann mit einer Lösung abwaschen – das muss so alle paar Wochen wiederholt werden – aber wenn ihr keine eigene Schermaschine habt …?« Emmie und Francesca schüttelten den Kopf, »dann werdet ihr so leicht niemanden finden, der mit seinem eigenen Werkzeug an dieses Fell geht. Ich würde vorschlagen, ihr behandelt sie erst und schert das Fell, wenn sie sauber ist. Hängt ganz davon ab, wie die Behandlung anschlägt. Die Läuse sitzen jetzt auch in den Decken, die müssen also gewaschen werden. Ich nehme Kot mit und lasse im Labor die Wurmeier zählen, dann wissen wir, wie wir sie am besten entwurmen. Wenn diese Dinge auf der Reihe sind – die Läuse, die Hufe, die Wurmkur, die Antibiotika und ordentliches Futter, dann seid ihr auf einem guten Weg. Zum

Glück habt ihr die Probleme noch rechtzeitig in Angriff genommen, ehe dauerhafte Gesundheitsschäden entstehen konnten.«

»Sie wirkt doch einigermaßen ruhig, oder?« Francesca suchte Bestätigung.

»Das tut sie«, stimmte Selena ihr zu. »Aber gerade darauf müsst ihr gut achtgeben. Diese Stute hat es sehr schwer gehabt, und es ist Winter. Wenn ihr sie erst wieder ein bisschen gesund gepflegt habt, werdet ihr wahrscheinlich Veränderungen in ihrem Temperament sehen. Das ist ein gutes Zeichen, aber da ihr Hintergrund nicht bekannt ist, behaltet das lieber im Hinterkopf.«

Selena ließ ihnen Zeit, all das zu verarbeiten, und ging indessen die Medikamente aus dem Auto holen.

»Welchen Namen soll ich auf den Aufkleber schreiben?«, fragte sie mit einer Kopfbewegung Richtung Pony.

»Sie hat noch keinen Namen«, sagte Emmie und kraulte die Stute unter der Mähne. An die Läuse versuchte sie dabei nicht zu denken.

»Und wie heißt ihr mit Nachnamen?« Selena lächelte.

»Cannan«, antwortete Francesca.

»Gut, Pony Cannan.« Selena nickte, drückte den Aufkleber auf das Glas mit den Antibiotika und sagte zu Emmie: »Ein gestrichener Teelöffel, einmal täglich. Da du ja kein festes Futter gibst, wirst du es irgendwo reinmischen müssen – in Apfelmus zum Beispiel – und es dann hiermit in ihr Maul spritzen.« Sie hielt eine große Spritze ohne Nadel hoch. »Okay?«

»Endlich haben wir eine Verwendung für Connies Apfelmus gefunden«, sagte Francesca.

»Zum Waschen ist es ziemlich kalt«, sagte Selena, »aber hinterher wird sie sich viel besser fühlen. Du hast doch schon Pferde gewaschen?«, fragte sie Emmie.

»Oft«, sagte Emmie und dachte an die vielen Male, die sie Chet vor einem Turnier oder nach einem anstrengenden Ritt abgeduscht hatte. Ein Zittern durchlief sie, so aufregend war es für sie, wieder in die Pferdewelt zurückzukommen.

»Das war's erst mal, glaube ich. Soll ich mal nachschauen, ob sie gechippt ist? Ein Mikrochip könnte uns was verraten.«

»Ja, bitte!« Emmie fragte sich, warum ihr das nicht schon längst eingefallen war.

Mit einem ovalen Plastikteil, das sie aus der Tasche zog, strich Selena am Hals des Ponys entlang. Die ersten beiden Versuche blieben ohne Ergebnis, doch dann ertönte ein kräftiger Piepton. Selena lächelte. »Da haben wir es, ich gebe das in den Computer ein und schicke es weiter, dann sehen wir, was dabei herauskommt.«

»Wie lange wird das dauern?«, fragte Francesca.

»Wenn sie registriert ist, ein paar Tage. Doch jede Menge Chips werden nicht aktualisiert. Ich würde auch gern mehr wissen.«

Selena kramte hinten im Jeep herum und gab Francesca eine Flasche Läuseshampoo.

»So, ich glaube, mehr kann ich jetzt nicht tun. Gibt's noch Fragen?«

»Haben Sie irgendeine Vermutung, wie alt sie ist?«, fragte Francesca.

»Genau lässt sich das nicht sagen.« Selena zuckte mit den Schultern. »Jünger als sechs auf keinen Fall und älter als zwölf auch nicht – in den besten Jahren. Gut von euch beiden, dass ihr sie mitgenommen habt.«

»Wir hatten das nicht geplant.« Francesca lächelte.

»Es gibt nichts Schöneres als Überraschungen«, sagte Selena und rutschte auf den Fahrersitz. Ihr Handy klingelte. Aus dem Fenster trällerte sie noch: »Seht zu, dass das Pony möglichst bald aufs Gras kommt«, und dann fuhr sie rückwärts die Auffahrt runter und verschwand.

7. Kapitel

»Gras?« Francesca guckte auf den nicht eingezäunten Garten. »Was wir hier zu bieten haben, wird nicht reichen.«

»Läuse?« Emmie verzog das Gesicht.

»Und wir sollen sie waschen – bei dieser Kälte?«, fügte Francesca hinzu. »Wir müssen irgendwoher warmes Waschwasser für sie beschaffen.«

In der Straße waren Stimmen zu hören, sie drehten sich beide um. In einem dicken Rollkragenpullover überquerte Doddsy mit Joshua auf der Hüfte die Straße. Der kleine Junge lutschte am Arm seines alten Teddys Noo Noo. Der Bär hatte seine ganze Füllung verloren, abgesehen von der im Kopf, und der baumelte in einem brutal gruseligen Winkel hintenüber. Verfolgt wurden die beiden von ihrer leise vor sich hin gackernden schwarz-weiß gesprenkelten Henne Lonely. Ihre gelben Beine und der rote Kamm leuchteten in dem grauen Morgen wie eine Verkehrsampel.

Doddsy ruckelte Joshua auf der Hüfte zurecht und sagte mit einem betrübten Lächeln: »Wusste ich doch gleich, dass hier was im Busch ist, als der Viehtransporter gestern Abend vorgefahren ist. Was in aller Welt habt ihr da bloß angeschleppt?«

Emmie lächelte. »Ein Dreiersofa mit hölzerner Rückenlehne – oder was meinst du?«

»Ich rede von dem anderen Möbelstück.« Doddsy schmunzelte. »Dem Bett, das sich bewegt.« Mit hochgezogenen Augenbrauen betrachtete sie das Pony in seinen Wolldecken.

Ehe sie antworten konnten, warf Joshua sich in Doddsys Armen nach vorn, und mit ausgestrecktem Finger brüllte er immer wieder: »Ja! Ja! Ja! Ja!« Er ließ keinen Zweifel daran, dass er zum Pony getragen werden wollte.

»Komm zu mir, Joshy«, sagte Emmie und streckte die Arme nach ihm aus.

»Ganz sicher, Emm?« Doddsy reichte ihn rüber. »Bist du fit genug? Er ist ziemlich schwer.«

»Heute geht's mir gut«, sagte Emmie. Joshua klammerte sich an sie wie ein Affe, behielt das Pony aber unbeirrt im Blick. Emmie setzte ihn auf die Rückenlehne vom Sofa und hielt ihn fest, so war er nicht so schwer. Das Pony hob den Kopf und prustete warme Luft auf den Kleinen, der vor Wonne quietschte.

Er zeigte auf das Pony, grunzte und sah Emmie mit gerunzelter Stirn an.

»Was will er denn?«, fragte Emmie, als Joshua auch noch anfing zu zappeln.

»Ich glaube, er will wissen, wie das Pony heißt«, sagte Doddsy.

Emmie zuckte mit den Schultern. »Keine Ahnung, Joshy. Ich wünschte, ich würde es wissen.« Sie beobachtete seine kleinen Finger, die sich langsam bewegten, so als würden sie ihm beim Denken helfen. Inzwischen erzählte Francesca vom Auktionsdrama.

Josh runzelte trotzig die Stirn. Er pikte den Finger Richtung Stute und versuchte »Pony« zu sagen, aber dabei kam nur was heraus, das sich anhörte wie Puh.

»Wie wär's denn damit als Name?«, fragte Emmie.

»Was?«, meinte Doddsy. »Puh? Hört sich an wie etwas, das stinkt.« Sie verzog das Gesicht.

»Wir könnten sie Puzzle nennen«, sagte Emmie. »Schließlich ist sie genau das … ein Puzzle.«

Als ob die Stute wusste, dass man über sie sprach, hob sie den Kopf und sah alle der Reihe nach an.

»Meinst du ›Puzzle‹ in der englischen Bedeutung?«, sagte Francesca. »Also im Sinne von Rätsel oder Frage? *Riddle* oder *Question*?«

»*Riddle* gefällt mir richtig gut«, meinte Doddsy.

Emmie drückte Joshy an sich. »Ich weiß nicht«, sagte sie.

»Dann lieber *Question*?«, fragte Doddsy. »*Puzzle* mag ich aber auch.«

»Puzzle ist irgendwie süß«, meinte Francesca. In dem Moment war Josh der Ansicht, dass er jetzt lange genug gehalten worden war, und fing an sich zu drehen und zu winden, weil er runter auf den Boden wollte.

»Die größere Frage ist aber, wie wir heißes Wasser kriegen, damit wir sie waschen können.«

»Warum in aller Welt wollt ihr das arme Ding bei diesem Wetter waschen?«, fragte Doddsy.

»Sie hat Läuse«, sagte Francesca. Als sie sah, wie Doddsy rückwärts ging, ergänzte sie noch: »Keine Sorge, du kannst dir keine holen.«

»Wer hat Läuse?«, rief Percy rüber. Sie drehten sich um und sahen ihn mit Connie auf der Veranda stehen, die beiden waren stadtfein angezogen.

»Wir wollten nur mal sehen, ob das Pony noch steht, und fragen, ob wir euch was vom Einkaufen mitbringen sollen«, sagte er.

»Nein, danke, wir brauchen nichts«, sagte Francesca. »Es sei denn, du weißt, wie wir so billig wie möglich an warmes Wasser kommen, damit wir unser Pony waschen können.«

Percy sah Connie an, aber die schüttelte den Kopf. »Keine Ahnung«, sagte sie.

»Komm her, Josh.« Doddsy streckte die Arme aus und nahm Emmie das Baby ab. »Sonst bist du noch vor dem Frühstück dreckig.«

»Wisst ihr, was funktionieren könnte?«, fragte Percy. »Unten in der alten Apfelscheune ist ein Warmwasserboiler, ein großer. Das Wasser läuft in den alten Wäschebottich, aber ihr könntet die Stute in die Gasse hinter der Scheune stellen und sie mit dem Eimer übergießen. Ich muss aber erst den alten Boiler anschalten, und der braucht ein paar Stunden zum Aufwärmen.« Er schaute von Francesca zu Emmie.

»Das wäre ganz toll«, sagte Emmie.

»Fantastisch«, fand auch Francesca. »Macht gar nichts, dass wir warten müssen, bis das Wasser warm wird, wir haben ja noch nicht mal gefrühstückt.«

Emmies Magen knurrte laut.

»Frühstück ist anscheinend keine schlechte Idee.« Francesca lächelte Emmie an, dann gab sie dem Pony noch etwas Heu. »Willst du auch Frühstück, Puzzle?«, fragte sie, als das Heu auf den Boden rieselte.

»Puzzle? Das geht einem nicht gerade leicht über die Lippen, oder?«, gab Percy zu bedenken.

»Stimmt«, sagte Doddsy. »Oh, Pete kommt nach Hause.« Josh fing an mit den Beinen zu strampeln und sich nach hinten zu werfen, offensichtlich wollte er unbedingt runtergelassen werden.

»Komm her, du Monster«, bat Doddsy lachend. Sie schwenkte den Kleinen herum und brachte ihn zum Kichern.

»Hatte Pete Nachtschicht?«, fragte Connie. Pete arbeitete in den Viehauktionshallen und versorgte die Tiere, die verkauft werden sollten.

»Seit zehn Tagen«, sagte Doddsy. »Das war heute die letzte Nacht, jetzt hat er eine Woche frei.«

Sie beobachteten, wie Pete sich aus dem Wagen schälte und streckte. Doddsy hielt Josh mit ausgestreckten Armen von ihrem Gesicht weg und rief ihrem Mann ein »Huhu!« zu.

Pete drehte sich um, und als er sie alle beieinander sah, lächelte er, winkte und kam rüber zu ihnen. Auf dem Weg trampelte er sich den Matsch von den Stiefeln.

Doddsy setzte Joshua auf dem Boden ab, und auf seinen kurzen, krummen Beinen rannte er quer über den Rasen zu Pete.

»Hallo, Meister«, sagte Pete lächelnd, nahm ihn auf den Arm und schnupperte an seinen Haaren. Joshua schlang seinem Dad die Ärmchen um den Hals. Pete hatte nur Augen für Joshua, trotzdem sagte er: »Morgen, alle zusammen, hab ich gerade eine Party verpasst?«

»Hey, Pete«, sagte Emmie. »Keine Party, ein Pony.«

»Was für ein Pony?« Er strich Joshua die Haare aus der Stirn. Die kleine Stute schnaubte, und schließlich drehte Pete sich um und entdeckte sie hinter dem Sofa. Sie schaute ihn an.

»Meine Güte«, er lachte, »ich bin ja ein besonders toller Viehpfleger, wie konnte mir das entgehen! Wer ist das denn?«

»Emmie und ich haben sie gestern aus Versehen auf einer Auktion gekauft«, erklärte Francesca. »Mann, wie albern das klingt, wenn ich das sage!« Sie lachte ein bisschen.

»Ja, stimmt«, sagte Pete. »Mit dieser Decke sieht sie aus wie aus der Lakritzkonfekttüte!« Er lachte.

»Wir überlegen uns gerade, wie wir sie in der Apfelscheune waschen können und wie wir das heiße Wasser aus der alten Wanne kriegen«, sagte Connie.

»Alles klar«, sagte Pete. »Wisst ihr, ob sie gewaschen werden mag? Ich will gern helfen, aber warum eilt das so?«

»Sie hat Läuse, wir müssen sie behandeln. Und für deine Hilfe wären wir echt dankbar, Pete«, sagte Emmie. Jetzt erst ging ihr auf, dass das Pony vielleicht was gegen eine Wäsche haben könnte. Sie konnten sich da auf nichts verlassen. Bei solchen Sachen hat Dad immer geholfen, dachte sie, und das tat schon weh. Nun ja, so was macht er jetzt nicht mehr, sagte sie sich nüchtern.

»Armes Ding«, sagte Pete. »In den Viehhallen sehen wir das nicht selten, macht die Tiere ziemlich unglücklich.«

»Warum frühstückt ihr nicht alle mit uns?«, fragte Francesca. Sie nahm den letzten Schluck aus ihrer Kaffeetasse und schaute sich im Kreis um. »Ich hab Lust, was zu brutzeln, und ich habe euch alle nicht mehr richtig gesehen, seit ich ständig zu diesen Haushaltsauflösungen fahre. Wir müssen ja sowieso darauf warten, dass das Wasser heiß wird.«

»Ich glaube, eine Dusche brauche ich dringender als was zu essen«, sagte Pete mit einem Blick auf seine matschbespritzten Sachen.

»Nun, das Angebot steht. Spanisches Omelett und jede Menge Toast und frischen Kaffee?« Francesca gab ihr Bestes, um Pete in Versuchung zu führen. »Geh doch duschen, zieh dir was Bequemes an, und komm dann mit Aiden zum Frühstück rüber, danach kannst du gleich nach Hause und dich hinlegen. Nicht kochen und nichts abzuwaschen – na ja, abgesehen vom Pony.«

»Also, dagegen gibt es nichts einzuwenden«, sagte Pete mit einem Lächeln. Er sah müde aus, und einen Moment lang hatte Emmie Schuldgefühle, weil sie sein Hilfsangebot angenommen hatte. »In einer Stunde? Können wir uns darauf einigen?«

»Perfekt.« Francesca lächelte von einem Ohr zum anderen. »Komm, Emmie, du bist Küchenassistentin. Dem Pony geht's gut, es hat ja genug Heu – und eine neue Freundin.« Sie lachte. Die Henne Lonely scharrte im Heu herum, nur Zentimeter vom Kopf des Ponys entfernt.

»Wie macht sie sich denn?«, fragte Emmie. Die kleine Henne hatte ihren Namen im letzten Sommer bekommen, nachdem der Fuchs eines Nachts alle ihre Mitbewohner aus dem Hühnerstall geholt hatte. Sie hatte sich geweigert, an den Ort des Verbrechens zurückzukehren, und war aus dem Hühnerhaus ausgezogen. Jetzt wohnte sie in Doddsys und Petes Waschküche, die sie durch die Hundeklappe betrat.

»Sie ist eine Landplage. Sie hockt jetzt über der Waschwanne und kackt rein. Letzte Woche hatte ich Joshs Sachen eingeweicht … ach, diese Art Chaos ist einfach typisch für uns.« Doddsy klang resigniert. »Aber sie legt immer noch, sogar im Winter. Wahrscheinlich denkt sie, sie muss sich ihren Unterhalt verdienen. Wir bringen Eier mit als Beitrag zum Frühstück.«

»Gut, bis später dann.« Pete nahm Doddsys Hand.

Die drei zogen los, und Lonely flitzte ihnen hinterher, die kräftigen gelben Beine arbeiteten, die Flügel hielt sie abgespreizt. Auf keinen Fall durfte ihre Familie ohne sie weggehen.

»Sieht ganz so aus, als ob die Namenssuche weitergeht.« Connie lächelte Emmie an, die gerade übers Sofa kletterte.

»Ach ja, das ist so eine Sache mit den Namen, nicht wahr? Wenn sie nicht richtig sind, bleiben sie auch nicht hängen. Da kann man nichts machen«, sagte Percy.

»Wir sehen uns dann zum Brunch – in einer Stunde?«, fragte Francesca noch einmal nach.

»Ja, wir freuen uns schon«, antwortete Connie im selben Moment, in dem Percy sagte: »Ich tue, was man mir sagt.« Er lachte und ergänzte: »Aber vorher stelle ich das heiße Wasser für euch an.«

8. Kapitel

»Soll ich Musik anmachen?«, fragte Emmie, als Francesca sich summend in der Küche zu schaffen machte. Francesca zog den Kopf aus dem Kühlschrank und fragte: »Gefällt dir mein Gesumme nicht?« Sie lächelte. Ehe Emmie antworten konnte, sagte sie: »Such du was aus, inzwischen weißt du besser als ich, was wir haben.«

Während Emmie krank gewesen war, hatte sie oft in Francescas alten Vinylschallplatten gestöbert. Nachmittags hatte sie die auf dem alten Plattenspieler abgespielt und war zu den verkratzten Klängen eingeschlafen.

»Ahh, The Mamas and the Papas«, sagte Francesca anerkennend, als Musik die Küche erfüllte.

Emmie legte die Plattenhülle weg, sie hatte gar nicht bemerkt, dass Connie und Percy in der Tür standen.

»Halloooo!«, rief Connie. »Ooh, hier riecht es aber gut! Was kocht ihr?«

»Doch nicht das Pony, oder?«, kicherte Percy.

»Oh Percy!«, sagten alle entsetzt im Chor.

»Na, ich war nicht sicher, ob es heute Morgen noch am Leben sein würde.« Percy lächelte.

»Du schockst uns«, sagte Francesca. »Was du riechst, ist Spanisches Omelett mit Tomaten, Chorizo und Spinat. Es reicht für eine Armee.«

»Nun ja, Aiden kommt schließlich auch«, sagte Emmie.

»Und – wollen wir mal ehrlich sein – wenn es ums Essen geht, ist er so was wie eine Armee!« Francesca lachte.

Connie wuselte in die Küche. »Ich habe Bananenbrot und – oh, die habe ich vergessen! Ich wollte zwei Gläser von meinem Apfelmus mitbringen. Geh mal rüber und hol es, Percy!«, kommandierte sie.

»Oh nein«, sagte Francesca. »Hebt es für euch auf, wir haben mehr als genug.«

Emmie spürte ein Zucken im Gesicht. Connie war die liebste Nachbarin, aber ihr Apfelmus war echt furchtbar. Bitter und mehlig, so als würde man Zahnpasta essen. Na ja, wenigstens konnten sie die Medizin für das Pony druntermischen.

»Nein, ich bestehe darauf«, sagte Connie. »Wir haben so viel davon, und ich weiß, wie gern ihr beide das mögt. Jede Menge Vitamin C, das wird dir guttun, Emmie.«

Emmie wagte nicht, Francesca anzugucken, als Percy grummelnd davonging.

»Was kann ich machen?«, fragte Connie. »Das Besteck auf den Tisch legen?« Sie zog die Schublade auf und klapperte mit Messern und Gabeln herum.

»Und die Teller bitte auch«, sagte Francesca, die gerade in den Ofen schaute. »Emmie, wenn du dich gut genug fühlst, kannst du den Klapptisch aus meiner Werkstatt holen. Den stellen wir an den Küchentisch. Und schnapp dir auch gleich ein paar Stühle. Oh, da ist Aiden ja, immer zur Stelle, wenn man ihn braucht. Guten Morgen, mein Schatz«, rief sie ihm zu, während Aiden noch ganz ruhig und friedlich in der Tür stand. Mit der Kamera um den Hals, wie üblich.

Emmie strahlte ihn an. »Komm, ich stell dir das Pony vor«, sagte sie und nahm ihren Freund mit nach draußen.

»Habt ihr schon einen Namen gefunden?«, fragte Aiden mit den Händen in der Tasche. Die Haare fielen ihm ins Gesicht.

Emmie schüttelte den Kopf. »Das ist echt schwer. Ich glaube, wir haben es zu angestrengt versucht, irgendwie waren die Vorschläge alle ein bisschen zu schlau. Es würde helfen, wenn wir ihre Geschichte kennen würden«, erklärte sie, als sie vor dem Carport standen.

»Oje«, sagte Aiden. »Das hab ich nicht erwartet.« Er nahm die Kamera wieder runter, anscheinend hatte er sich dagegen entschieden, ein Foto von der Stute zu machen. »Ich dachte, du meintest ein Pferd wie das, das du früher hattest.« Er spielte auf die Turnierfotos von Chet in Emmies Zimmer an.

»*Sie*, Aiden, nicht DAS. Sie mag ja keinen Namen haben, aber sag nicht das. Und du solltest ein Foto von ihr machen – vielleicht kannst du ja eine Fotoreportage von ihrer Erholung machen?«, schlug Emmie vor, die meinte, für die Stute Partei ergreifen zu müssen.

»Wer weiß, wie sie nach etwas guter Pflege aussehen wird. Nach dem Frühstück bekommt sie ein Bad, das wird schon helfen.« Emmie glaubte selbst nicht so recht daran.

»Jaja, okay, tut mir leid. Aber als Mum sagte, ihr hättet ein Pony gekauft, naja, da hatte ich nicht mit so was – also, ihr da – gerechnet«, sagte er und versuchte den Schaden wiedergutzumachen, den er mit seiner Bemerkung angerichtet hatte.

Die Stute fand offenbar, dass sie ihre Chancen nur mit einer Charmeoffensive verbessern konnte, mit gespitzten Ohren kam sie auf die beiden zu. Sie war neugierig, irgendwas hatte ihre Aufmerksamkeit geweckt. Es waren Pete und Doddsy, die Josh zwischen sich schaukeln ließen, als sie die Straße überquerten. Josh lachte und warf den Kopf nach hinten. Lonely rannte neben den dreien her und sprang jedes Mal hoch, wenn Joshs Füße den Boden verließen.

Aiden hob die Kamera ganz selbstverständlich und machte schnell ein Foto von der Stute, ehe er sich umdrehte und ein Bild von seiner Familie mit ihrem Huhn schoss, das an diesem trüben Tag richtig leuchtete.

Emmie legte das Gesicht an den Hals des Ponys. Als sie wieder das Klicken der Kamera hörte, wusste sie, dass sie geknipst worden war.

»Lass das, Aido«, sagte sie, ohne ihn anzusehen.

»Also, ich kann ja wohl keine Fotodokumentation über die Rettung eines verwaisten, verlassenen Ponys machen, ohne dass du darin vorkommst, oder? Danke für die Idee.«

»Mann, du machst es dramatisch!« Emmie grinste ihn an. Sie ließ das Pony stehen und zog die knallblaue Tür zur Werkstatt auf. »Hier, nimm das.« Sie reichte ihm einen Klappstuhl. »Und das.« Sie drückte ihm gleich noch einen Stuhl in die Arme.

Dann schob sie Stoffballen beiseite und Säcke voll Schaumstoff und Kissenfüllung, bis sie schließlich keuchte: »Ah, hier ist er ja.« Sie zog den alten Klapptisch von der Wand weg, wo er beinahe unter Stoffmassen zusammengebrochen wäre.

»Wenn dieser Haufen kippt und ich lebendig unter einem Stoffberg begraben werde, musst du mich wieder ausbuddeln«, sagte sie. Stofflawinen waren keine Seltenheit in der Werkstatt.

Ächzend kämpfte Emmie sich mit dem Tisch durch die Tür nach draußen. »Vielen Dank für deine Hilfe, Aido«, sagte sie sarkastisch. Er sah sich die Welt mal wieder durch seine Kamera an. Sie verdrehte die Augen. »Dieses Ding wiegt eine Tonne. Kein Wunder, dass die Leute diese leichten Plastikdinger aus dem Billigladen in der Stadt kaufen.«

»Deshalb geht es den Bach runter mit der Welt«, sagte Aiden, der mit erstaunlicher Leichtigkeit das andere Ende vom Tisch nahm.

»Andauernd ersetzen wir alte Sachen, die absolut in Ordnung sind, mit genau denselben Sachen in neu. Das ist wie mit den Koffern.«

Aiden hatte einen Fotowettbewerb gewonnen, mit einem Bild von einem Müllcontainer voller alter Koffer, die in allerbestem Zustand gewesen waren. Er hatte das Foto »Zur Hölle mit dem Koffer« genannt. Seither war er ganz besessen davon, alte Sachen zu reparieren, statt neu zu kaufen. Er ist das absolute Gegenteil von Shiny Steve, der jedes neue Gadget unter der Sonne hat, dachte Emmie.

»Denk dran, ich brauche einen Abzug von dem Kofferbild, bevor du berühmt wirst und anfängst, Superstars zu fotografieren.«

»Du meinst wohl, bevor ich mit dem Nachrichtenteam durch die Welt reise und für echte Reportagen fotografiere«, sagte er, stellte seine Tischseite ab und schoss noch ein Foto von Emmie.

»Mach Fotos vom Pony, Aido, nicht von mir, okay?«

»Sorry, aber im Journalismus muss Wahrheit stecken«, sagte er mit einer Kopfbewegung in ihre Richtung.

»Heb doch einfach dein Ende hoch und beeil dich mal.«

Grinsend packte er wieder mit an. »Aber wenn du berühmt wirst, übernehme ich ausnahmsweise Sonderaufträge und fotografiere dich.«

»Zum Totlachen, Aido. Aus welchem Grund sollte man denn berühmt werden wollen?« Wie kam er bloß darauf? Emmie staunte. Als sie an ihre schrecklichen fünf Minuten Internetberühmtheit zurückdachte, musste sie sich schütteln. Wenn sie nie wieder bei irgendwas beobachtet wurde, war ihr das nur recht. Ehrlich gesagt, so wünschte sie sich das Leben sogar.

»Ich meine doch nicht berühmt für nichts, so wie die Leute, die sich im Internet danebenbenehmen«, sagte Aiden. »Aber du könntest doch eine berühmte Wissenschaftlerin werden, Autorin oder Olympiareiterin.« Er lächelte Emmie an, ganz fasziniert von dieser Vorstellung.

»Mit einer Fantasie wie deiner wirst du Fantasy- und Sci-Fi-Filme machen«, erwiderte Emmie. »Und jetzt Schluss mit den Tagträumen, sonst fällst du noch über deine Füße«, sagte sie, als er rückwärts die Stufen hochstieg.

»Ja doch, Esperanza«, antwortete er spöttisch, denn er wusste ja, wie sehr sie ihren vollständigen Namen hasste.

»Weißt du, wir müssen dir nichts zu essen geben«, sagte sie.

»Francesca wird mir was geben, sie liebt mich«, gab er zurück und schleuderte sich die Locken aus der Stirn.

»Oh, klar gibt sie dir zu essen«, sagte Emmie. »Sie hofft drauf, dass du aufhörst zu sabbeln, wenn dein Mund endlich voll ist.«

Aiden lachte nur. Sie drängelten sich durch die Haustür. »Hier ist dein Tisch, Francesca!«, rief er Richtung Küche und grinste Emmie an.

»Danke, meine Schätze!«, rief sie zurück.

»Na, was sag ich?«, flüsterte er Emmie zu. »Sie liebt mich.«

Emmie verdrehte genervt die Augen. »Warum waren wir noch gleich Freunde? Ich brauch da mal eine Gedächtnisstütze.«

»Weil ich jetzt losgehe und die Stühle hole?«, fragte er, dann drehte er sich blitzschnell um, hob die Kamera und schoss ein Foto von Lonely, die in einem Streifen Sonnenlicht an der Haustür saß.

»Na, das ist ganz gut für den Anfang«, sagte Emmie.

»Lonely, raus hier«, schimpfte Doddsy, als die Henne ins Haus kam und sich mit wackelndem Kopf umsah. Sie suchte Menschennähe. »Tut mir leid, Francesca.«

»Armes Mädchen, sie darf reinkommen«, sagte Francesca.

»Ein bisschen Hühnerkacke auf dem Boden ist ja nicht so schlimm unter Freunden.«

»Da ist gerade ein Lastwagen vorgefahren«, sagte Aiden, der mit den Stühlen unterm Arm wieder zur Tür reinkam.

»Das wird Rob sein, der das Pony hierhergebracht hat. Hol ihn rein, Emmie«, rief Francesca.

Emmie sah den Rücken eines blauen Wollpullovers und eine Mütze hinter der Hauswand verschwinden, als sie aus der Tür trat.

Sie fand Rob vor dem Sofa. »Morgen!«, sagte sie. »Sieht sie nicht schon besser aus?«

Rob wandte Emmie sein müdes Gesicht zu und sagte: »Ja, das tut sie, und sie hat sich ja schön durch ihr Heu gefressen. Ich hab euch mehr mitgebracht, liegt auf dem Hänger.«

»Oh, danke«, sagte Emmie überrascht. »Wir füttern sie genau so, wie du gesagt hast.«

»Na, das funktioniert.« Er nickte dem Pony zu, das in den Sonnenstrahlen döste, die in den Carport fielen. Ein Hinterbein hatte die Stute entspannt angewinkelt.

»Mum hat gesagt, du möchtest bitte zum Brunch reinkommen«, sagte Emmie, die wieder ins Haus zurückgehen wollte.

»Danke, aber ich habe gefrühstückt«, antwortete er und trat verlegen von einem Fuß auf den anderen.

»Na, aber trink wenigstens einen Kaffee mit uns«, sagte Emmie. »Percy von gestern Abend ist da, mit Connie und unseren anderen Nachbarn.«

»Also, okay, ein Kaffee wäre schön«, sagte er.

Der Lärmpegel im Haus passte eher zu einer Party als zu einem Sonntagsbrunch. Alle redeten laut durcheinander, und ein magischer Essensduft zog durch das Haus.

Als Francesca sie kommen sah, schmetterte sie: »Leute, hier ist der Held der Geschichte! Das ist Rob, der das Pony gestern Abend für uns hergebracht hat.« Alle klatschten und pfiffen, und Rob lief pink an. Er nahm die Mütze ab und sagte: »Das ist nicht wahr, aber vielen Dank.« Allem Anschein nach bereute er, dass er mit reingekommen war.

Percy trat hinter Rob zur Tür herein und packte ihn an der Schulter. »Hoffentlich bist du gekommen, um meinen Rindenmulchhaufen in Ordnung zu bringen, da hast du eine höllenmäßige Unordnung hinterlassen.« Das war natürlich nicht ernst gemeint.

»Warum hat das so lange gedauert?«, grummelte Connie, die Percy die zwei Gläser Apfelmus abnahm und sie so entschlossen auf den Tisch stellte, dass das Besteck hüpfte.

»Du ungeduldiges Weib« sagte Percy. »Ich hab das hier gesucht … für Emmie.« Er holte ein Buch mit blau-weißem Einband aus der Tasche, mit einer altmodischen Zeichnung von einem springenden Pferd vorne drauf. Der Titel war: »Die Pflege von Pferd und Pony und die Reiterei«. Er reichte es Emmie und sagte: »Keine Ahnung, wo das herkommt, das muss den Kindern gehört haben. Es ist alt, könnte aber nützlich sein.«

Emmie war gerührt. »Danke, Percy.« Sie versuchte sich zu erinnern, ob Connie und Percy je erwähnt hatten, dass sie Kinder hatten, aber sie war sich sicher, dass sie es nicht getan hatten.

»Wie in aller Welt konntest du dich daran erinnern?«, fragte Connie, die Hände in die Hüften gestemmt.

»Noch bin ich nicht verblödet!« Percy lächelte und drückte sie kurz im Vorbeigehen. »Aber ich weiß überhaupt nicht mehr, wem es gehört hat. Und ich hasse das, wenn so was passiert.«

»Nun ja, es waren über dreißig, also nimm's nicht so schwer.« Connie lächelte ihn an, plötzlich wirkte sie ganz weich und wehmütig.

»Dreißig!«, rief Aiden – und kam Emmie damit zuvor.

Alle schauten Connie an, als sei sie die Verwirrte.

»Percy und ich hatten Pflegekinder, als wir jünger und fitter waren«, erklärte Connie. »Manche blieben Monate, andere Tage. Percy ist immer ganz verstört, wenn er nur ein einziges vergisst.« Sie sah ihren Mann liebevoll an.

»Das Essen ist fertig!«, trällerte Francesca, und die Stimmung änderte sich schlagartig. »Passt auf, ich komme jetzt mit den heißen Sachen, achtet auf Joshy. Hat jeder einen Platz gefunden?«

Es wurden Stühle gerückt und Platten mit Bacon, Spanischem Omelett und dicken Scheiben Toast herumgereicht. Dazu gab es Kaffee.

»Was habe ich vergessen?«, überlegte Francesca und wedelte mit dem Geschirrtuch. »Ach, das Bananenbrot! Gut, hat jeder einen Becher und alles, was er braucht?«

»Setz dich, Fran«, rief Doddsy. »Wenn uns irgendwas fehlt, holen wir es selber. Komm schon, Rob, setz dich«, drängte Doddsy. »Du kannst es unmöglich ausschlagen, mit uns zu essen.«

»Ja, entweder man isst mit oder man hält Joshy.« Pete lachte. Er reichte Joshy ein mit Butter bestrichenes Stück Bananenbrot, das zwischen seinen kleinen Fingern schnell zu Mus wurde.

»Ich schaffe beides«, sagte Rob, »oder ich halte ihn, während ihr euch bedient.« Er streckte Joshy die Arme hin, der zur allgemeinen Überraschung »Ja, ja, ja!« brüllte und glücklich auf Robs großen Schoß kletterte.

»Danke«, sagte Pete. »Eigentlich erstaunlich, dass wir uns noch nie über den Weg gelaufen sind, wo du doch Vieh transportierst. Ich arbeite bei Pippins in der Viehmarkthalle.«

Rob hielt Joshy auf dem Schoß, als ob er das jeden Tag machte, und antwortete: »Ich fahre meistens von Farm zu Farm oder zu Forbes. Gelegentlich bin ich auch mal bei Pippins, aber oft kommt das nicht vor.«

»Wahrscheinlich ganz gut so, da ist es ziemlich hektisch«, sagte Pete und legte Omelette auf Robs Teller.

Emmie stellte das Buch auf die Anrichte, da war es in Sicherheit. Ihr fiel auf, wie braun das Papier am Rand geworden war. Das ist aus einer anderen Zeit, dachte sie, lange bevor man im Internet nachschauen konnte, wenn man Fragen hatte.

Die Schallplatte war abgespielt, Emmie ging eine andere auflegen.

»Hast du schon einen Namen für dein Pony, Emmie?«, fragte Connie.

Emmie schüttelte den Kopf. »Nichts fühlt sich richtig an. Ich glaube, ich strenge mich zu sehr an. Sogar wenn ich mir Platten anhöre, versuche ich Namen rauszuhören!« Sie lächelte, als sie die Nadel auf eine neue Platte setzte.

»Oh, diesen Song liebe ich!« Connie klatschte in die Hände, als John Paul Youngs Klassiker »Love is in the air« im Raum erklang. Emmie bereute ihre Wahl sofort. Das war einer der Songs, die ihr Dad immer auf dem Weg zu einem Turnier gespielt hatte, wenn sie nervös gewesen war.

»Na, das versteht sich wohl von selbst!« Francesca lachte. Sie wandte sich an Rob und erklärte ihm: »Connie und Percy heißen mit Nachnamen Love.«

»Ah, verstehe.« Er lächelte. »Loves Äpfel!« Er zeigte auf das alte verblasste Schild am Tor zur ehemaligen Apfelplantage, das durchs Fenster zu sehen war.

Es war Pete, der anfing zu singen, während Rob den kleinen Josh im Takt dazu auf den Knien hopsen ließ. Josh kicherte hysterisch. Und dann sangen sie alle, schräg und nicht so ganz taktfest. Aiden trommelte auf den Tisch. Als der Song zu Ende ging, jubelten sie sich zu und applaudierten. Und dann klopfte es laut an der Haustür, und der Bann war gebrochen. Keiner in ihrer Straße klopfte, und schon gar nicht so heftig. Emmie drehte sich um und dachte, sie hätte Halluzinationen. Der Song musste ihn heraufbeschworen haben! Und so geschockt, wie Francesca aussah, musste auch sie das denken. In der Tür standen niemand anders als Emmies Vater, Shiny Steve, und seine Frau Papp-Caroline.

9. Kapitel

»Ach, du meine Güte, hallo, Steven«, sagte Francesca, die ganz entspannt vom Tisch zur Tür gegangen war. »Und du musst Caroline sein, schön, dich endlich kennenzulernen. Ich bin Francesca. Kommt rein. Heute Morgen haben wir ein volles Haus, Nachbarschaftsbrunch. Wenn ihr uns gesagt hättet, dass ihr in der Gegend seid, hättet ihr dazukommen können«, plapperte Francesca weiter.

»Das habe ich gestern tun wollen, und ich hab den ganzen Morgen versucht anzurufen, aber dein Telefon ist offenbar abgeschaltet, es geht immer gleich auf Voicemail«, sagte Steven anklagend. »Ich habe Hopes Bücher mitgebracht, wir wussten ja, dass sie lernen will.«

Als Emmie ihren anderen Namen hörte, wurde sie aus der Trance gerissen, in der sie sich befunden hatte, seit ihr Dad in der Tür erschienen war. Sie spürte, dass sämtliche Blicke auf sie gerichtet waren, also ging sie zu ihm und küsste ihn auf die Wange. »Danke.« Mehr konnte sie nicht sagen, ehe sie sich zu Caroline umdrehte und die Hand nach der Büchertasche ausstreckte. »Danke, Caroline.«

»Bedaure, dass wir die Party stören«, sagte Steven verklemmt und missbilligend. Er ließ den Blick durch den Raum schweifen.

»Oh, ihr stört die Party nicht. Das sind unsere netten Nachbarn und Rob, ein Freund«, sagte Francesca. »Möchtet ihr Kaffee? Wir brühen noch eine Kanne.«

»Nein, wir möchten nichts, danke«, sagte Steven selbstgefällig. »Caroline hat ein Vorstellungsgespräch, etwa zwei Stunden von hier entfernt. Am besten fahren wir also gleich weiter.«

»Ein Vorstellungsgespräch, wie aufregend. Wofür denn und wo genau?«, fragte Connie.

»Ein neues Hotel«, sagte Caroline ruhig, aber deutlich. Ihre Miene war unbeteiligt.

»Caroline ist in der Gastgewerbebranche«, sagte Steven, als ob das alles erklären würde. Schade nur, dass sie nicht besonders gastfreundlich ist, dachte Emmie.

Sie wartete darauf, dass Steven irgendwas über das Pony im Carport sagte, aber das tat er nicht. Als sie aus dem Fenster schaute, sah sie, dass Robs Lastwagen den Blick auf die Stute versperrte.

Ein unbehagliches Schweigen breitete sich im Raum aus. Steif rückte Steven einen Schritt zu weit nach rechts, wo er mit Lonely zusammenstieß, die gerade eine Zimmerpflanze untersuchte. Gackernd machte die Henne einen Satz, kratzte dabei über Stevens Schuh und hinterließ einen satt grün-weißen Kackeklecks auf den Dielenbrettern im Flur. Dann kehrte sie seelenruhig wieder zu der Topfblume zurück.

Emmie sah das Entsetzen im Gesicht ihres Vaters, sie schaute schnell zu Francesca rüber, die sich offenbar sehr anstrengen musste, um nicht laut loszulachen.

»Hier drinnen ist ein Huhn«, sagte Steven, als wäre das nicht offensichtlich. Er sah aus, als würde er Lonely am liebsten mit einem Fußtritt nach draußen befördern.

»Oh, das ist kein Huhn«, lächelte Pete und biss in seinen Toast, »das ist Lonely.«

In die ungemütliche Stille drang ein Wiehern – aus dem Carport.

»War das ein Pferd? Wem gehört das Pferd?«, fragte Steven. Plötzlich war er total fokussiert.

Nach einer längeren Pause richtete Emmie sich kerzengrade auf, hob das Kinn und sagte: »Mir.«

Die Augenbrauen ihres Vaters schnellten in die Höhe.

»Wie kommt's? Seit wann hast du wieder ein Pony?«, fragte er. Sein Ton war anklagend und irgendwie argwöhnisch.

»Ungefähr seit gestern, als unser Telefongespräch unterbrochen wurde«, antwortete Francesca. »Emmie und ich waren auf einer Auktion auf einer Farm. Ich hab ihr zugewinkt, als ich abgelenkt war, weil ich dich am Telefon hatte. Absurderweise hatte ich mein Bieterschild in der Hand und habe, ohne es zu wollen, ein Pony gekauft. Deshalb habe ich unser Gespräch dann aus Versehen unterbrochen«, erklärte sie.

»So was passiert auch nicht jedem«, sagte Caroline. So etwas Unkontrolliertes, Irres würde ihr niemals passieren, dachte Emmie.

»Dürfen wir sie sehen?«, fragte Caroline. Vermutlich eher aus Höflichkeit als sonst was, da war Emmie sich sicher.

»Möchtest du sie gern sehen, Dad?«, fragte Emmie hoffnungsvoll.

»Ich glaub schon, wo wir gerade mal hier sind.« Steven verschränkte die Arme vor der Brust.

»Nur, wenn du willst«, sagte Emmie, die plötzlich Bauchschmerzen bekam. Sie wollte wissen, was er dachte, welchen Rat er für sie hatte. Aber sie merkte auch, dass er eine Erklärung von ihr erwartete. Erst vor ein paar Tagen hatte er angeboten, ihr ein Pony zu kaufen, und sie hatte gesagt, sie wolle nicht mehr reiten. Und jetzt das.

Emmie ließ die Bücher in der Tür zu ihrem Zimmer fallen und setzte die Mütze auf. Plötzlich war sie sehr müde. Aus dem Morgen war die ganze Freude rausgesaugt worden.

Mit gesenktem Kopf schlüpfte sie an allen vorbei und lief zum Carport. Caroline folgte ihr auf den Fersen. Emmie konnte ihren Dad ein Stück weiter hinten hören, er fragte Francesca gerade, wie sie vorhabe, für das Pony zu sorgen – und noch wichtiger, wie sie so was bezahlen wolle. Absolut freundlich antwortete Francesca darauf: »Egal, wie ich das hinkriege, Steven, du kannst dich auf jeden Fall entspannen. Dich kostet das keinen Cent.«

»Für mich spielt Geld keine Rolle, Francesca«, sagte er und unterstellte damit, dass es für sie durchaus ein Problem war.

Die braune Stute wieherte noch mal, als sie sie kommen hörte. Ein süßer, lebendiger Ton, ganz anders als am Abend zuvor. Sie ließ den Kopf über die Rückenlehne des Sofas hängen wie über eine Stalltür.

»Oh«, sagte Caroline, als sie das fuchsfarbene Gesicht sah. Emmie wartete, aber mehr kam nicht.

»Schöne Wolldecken«, bemerkte Steven sarkastisch. Emmie und Francesca beachteten ihn gar nicht. Er versuchte es noch mal. »Soll das ein Witz sein? Ein Klepper hinter einem Sofa in einem Carport – unter Wolldecken. Das muss ein Witz sein.«

Caroline trat einen Schritt vor und ließ die Hand unter die Decken gleiten, um das Pony zu streicheln. »Ihr ist ein bisschen zu warm darunter«, sagte sie. »Vielleicht sollte eine dieser Decken runter?«

Was ist denn jetzt los?, dachte Emmie. War Caroline plötzlich auch eine Pferdefrau?

»Ich mach das. Du willst sie wahrscheinlich lieber nicht anfassen, sie hat Läuse«, sagte Emmie. Sie sah, wie ihr Dad die Augen verdrehte, so als wollte er sagen: »Passt ja.« Caroline schien das aber gar nichts auszumachen.

Emmie nestelte an der selbst gemachten Schließe vor der Brust des Ponys herum. Als sie aufschaute, sah sie ihren Dad hämisch grinsen.

Eigentlich hatte sie nur die oberste Decke abnehmen wollen, um die kleine Stute vor ungnädigen Blicken zu schützen. Aber sie zog, und alle drei rutschten runter. Das Pony stand nackt da. Die kleine Stute sah noch erbärmlicher aus als vorher, das Fell war ganz plattgedrückt auf den Knochen. Die letzten zwölf Stunden hatten ihre Stimmung verbessert, aber es würde noch eine ganze Zeit dauern, bis ihr Körper sich erholt hatte.

Caroline trat einen Schritt zurück und betrachtete die Stute. »Weißt du irgendwas über sie?«, fragte sie. »Alter, Rasse, irgendwas?«

»Es gab keinerlei Informationen«, sagte Emmie und schaute zu Boden. Sie wollte, dass Caroline aufhörte zu reden, sie wollte das arme Pony zudecken, sie wollte, dass ihr Dad irgendeine Frage stellte und ein klein wenig Interesse an der Stute zeigte.

»Dad, glaubst du …«, begann sie, dann brach sie ab, weil sie ein seltsames Geräusch hörte. Sie schaute auf und sah, dass ihr Dad die Hand vorm Mund hatte und sich nicht sehr bemühte, sein Lachen zu unterdrücken.

Er sah Emmie an, wischte sich über die Augen, und als wäre das ein großer Witz, sagte er: »Na, jetzt sehe ich, was du meintest, als du gesagt hast, du würdest nicht zum Reiten zurückkehren.« Er lachte und hustete, ehe er hinzufügte: »Findet ihr nicht, dass ihr damit diese ganze Geschichte mit dem Wiederaufarbeiten von Sperrmüll ein bisschen zu weit treibt?« Er drehte sich zu Emmie und ihrer Mutter um, ein albernes Lächeln ging über sein Gesicht, ganz so, als wäre er der witzigste Mann der Welt und sie nur nicht imstande, seine geistreichen Witze zu kapieren. Oder schlimmer noch: Als wären sie der Witz.

Emmie wurde schlecht. Irgendwie hatte sie gehofft … nun ja, eigentlich wusste sie nicht, was sie gehofft hatte. Vielleicht, dass sie so wie früher miteinander reden könnten, jetzt, wo sie, ihr Dad und das Pony an ein und demselben Ort waren. Aber hier stand er nun und machte sich über das Pony lustig, das nichts dafür konnte, dass es war, wie es war. Und schlimmer noch, er machte sich auch über Francesca und ihr Möbelunternehmen lustig. Emmie spürte, wie ihr die Hitze den Nacken hoch und ins Gesicht stieg. Wie konnte er es wagen? Und das auch noch vor Caroline!

Genauso schnell, wie sie gekommen war, schlug ihre Wut um in den überwältigend starken Wunsch zu weinen. Emmie wandte sich ab und drückte ihr Gesicht an den Hals des Ponys, unter der Hand spürte sie die kahlen Stellen an der Mähne. Und dann kochte die Wut wieder in ihr hoch. Schnell machte sie sich an den Decken zu schaffen. Mit abgewandtem Gesicht legte sie die wieder auf. Caroline rettete sie. »Ein Tierarzt kann sie scannen und feststellen, ob sie einen Mikrochip hat«, sagte sie.

Dankbar für den Themenwechsel sagte Francesca: »Die Tierärztin war heute Morgen hier und hat sie gescannt. Wie kommt es, dass du dich mit Pferden auskennst, Caroline?«

»Meine Tante hat Pferde gehalten, sie war recht erfolgreich als Reiterin. Ich habe ziemlich viel Zeit bei ihr verbracht, ist allerdings schon lange her«, sagte sie.

»Mach dich nicht schmutzig, Darling«, mahnte Steve, als Caroline der Stute die Mähne kraulte. »Dein Bewerbungsgespräch, vergiss das nicht.«

Caroline drehte sich um und sah ihn lächelnd an. »Das Hotel wird auf einer Farm stehen, Pferdegeruch und ein bisschen Dreck unter den Nägeln sprechen da nur für mich.«

Dann, als wolle sie es wiedergutmachen, fuhr Caroline fort: »Aber du hast ja recht, wir müssen die Uhr im Blick behalten. Nach Pony zu riechen ist ganz in Ordnung, zu einem Bewerbungsgespräch zu spät zu kommen aber ganz und gar nicht.«

Die vier verfielen in verlegenes Schweigen. Emmie konnte immer noch nicht aufschauen, schließlich sagte Francesca: »Ja, ihr solltet euch lieber auf den Weg machen, wir wollen doch nicht, dass ihr euch verspätet. Viel Glück beim Bewerbungsgespräch, Caroline.« Steven nickte sie kühl zu.

»Danke«, sagte Caroline. »Es war schön, dich kennenzulernen.«

Es war unvermeidlich. Emmie stieg übers Sofa und bereitete sich innerlich auf die Umarmung ihres Vaters vor. Er beugte sich über sie und flüsterte: »Ich hätte dir wirklich gern ein richtig schönes Pferd gekauft und dich auf ein Internat mit großartigen Lehrern geschickt, Hope, aber hierfür zahle ich nicht. Weißt du, nicht alles lässt sich recyceln.« Sein Ton war ebenso spöttisch wie drängend.

Ehe sie an sich halten konnte, flüsterte Emmie zurück: »Niemand will, dass du irgendwas bezahlst, Dad. Du hast Mum und mich zum Recyceln vor die Tür gestellt, aber ich finde, wir sind trotzdem wertvoll.«

Steven rückte von Emmie ab, er hielt sie an den Schultern und starrte auf sie runter. Er wirkte verletzt und schien zu erwarten, dass sie ihre Worte zurücknahm. Emmie zwang sich dazu, seinem Blick standzuhalten. Den Drang, in Tränen auszubrechen und sich zu entschuldigen, kämpfte sie nieder. Sie würde ihren Vater sechs Monate lang nicht sehen, trotzdem, er hatte das Pony und Francesca beleidigt. Warum sollte sie also sagen, dass es ihr leidtat? So was machte *er* nie.

Doddsy rettete sie, als sie zu ihr rüberrief: »Wir gehen zur Scheune und gucken mal, ob das Wasser heiß ist.« Sie und Pete, mit dem schlafenden Josh auf dem Arm, stiegen in die Stiefel.

»Lonely? Lonely?«, rief Doddsy, als sie über den Rasen gingen. Mit Gegacker und Geflatter tauchte die lustige kleine Henne unter dem Sofa auf, streckte die Flügel und preschte auf gelben Beinen los. Leise fluchend sprang Steven einen Schritt zurück.

»So, ihr müsst euch auf den Weg machen und wir unser Pony waschen«, sagte Francesca bestimmt. Damit war das Gespräch beendet.

»Ja, wir fahren dann mal«, sagte Steven, der immer das letzte Wort haben musste. Doch dann drehte er sich noch mal um und sagte zu Francesca: »Ich finde, wir sollten diese Situation als Eltern besprechen.« Das klang reichlich aufgeblasen.

»Das ist eine ganz tolle Idee«, sagte Francesca mit einem Winken. »Das sollten wir unbedingt machen, wenn du in einem halben Jahr aus Deutschland zurückkommst und wieder Vater sein kannst.«

»Klar«, sagte er, aber er ging nicht auf Francescas Bemerkung ein. »Vielleicht schaue ich mir ein paar Deutsche Reitponys an, während ich drüben bin. Schade, dass du schon ein Pferd hast, Hope.« Lächelnd stieg er ins Auto und fuhr viel zu schnell aus ihrer kurzen Straße.

Eine Weile sprachen weder Emmie noch Francesca ein Wort, dann sah Francesca Emmie an. »So was nennt man wohl ›sich aufführen wie das hinterste Ende vom Pferd‹«, sagte sie. »Geht's dir wieder besser?«

Emmie zuckte die Achseln und lächelte schwach. Auf keinen Fall würde sie gestehen, wie ihr wirklich zumute war.

Francesca drehte sich um und ging kopfschüttelnd zurück ins Haus. Seltsam, irgendwas schien ihr zu gefallen, aber sie sagte nichts weiter.

Im Haus stellten Connie und Percy gerade die letzten Teller an ihren Platz.

»Ach nein.« Lachend schnappte Francesca sich Percys Geschirrtuch und tat so, als wollte sie ihn damit schlagen. »Nicht aufräumen. Was soll das? Ich lade euch doch nicht zum Brunch ein, damit ihr die Arbeit macht.«

»Das war ein Klacks.« Connie lächelte. »Percy und ich haben gerade von dem Haufen Holz geredet, den wir noch drüben bei uns liegen haben, von den alten Apfelkisten. Vielleicht kann man damit den Carport erst mal besser absichern als mit dem Sofa?«

»Ah, das ist lieb von euch«, sagte Francesca. »Ich besitze zwar eine Menge Werkzeug, aber von solchen Sachen habe ich wirklich keine Ahnung.«

»Ich guck mir das mal an, Percy«, sagte Rob. »Wenn das in Ordnung ist?« Er sah Francesca und Emmie an.

Emmie runzelte die Stirn. Die Nachbarn in ihrer kleinen Straße halfen einander, sie kannte es nicht anders, aber hatte dieser Typ denn nicht genug zu tun?

Rob schien ihre Gedanken gelesen zu haben, er sagte nämlich: »Ich hab noch ein bisschen Zeit, ehe ich die nächste Ladung Vieh abholen muss, also kann ich wenigstens mal gucken.«

»Das wäre toll«, fand Francesca. »Aber, ehrlich, irgendwie muss ich dich für deinen Aufwand bezahlen.«

Rob guckte nachdenklich, und einen Moment wurde Emmie panisch. *Bitte, lass ihn nicht so was Grauenvolles sagen wie: »Geh doch mal abends mit mir essen, Francesca«.* Schon beim Gedanken daran standen ihr die Haare zu Berge.

»Na ja«, sagte er langsam, »wie wäre es damit? Meine Mutter muss ins betreute Wohnen umziehen – und sie kann nicht allzu viel mitnehmen. Aber sie möchte unbedingt ihren alten Lesesessel dabeihaben. Sie sagt, in dem hat sie mit uns Kindern gesessen und mit all ihren Enkelkindern. Doch er ist ganz fleckig. Kannst du den für mich beziehen? Den Stoff hat sie schon gekauft. Wäre das ein fairer Tausch?«

»Schon dafür, dass du das Pony nach Hause gebracht hast, beziehe ich den Stuhl von Herzen gern. Wenn das für dich in Ordnung ist, dann wäre das fantastisch.«

»Abgemacht«, sagte Rob und schüttelte ihr die Hand.

Emmie atmete aus. Einen Sessel beziehen, für seine alte Mutter? Das musste ein guter Kerl sein.

»Ausgezeichnet, dann gehen wir mal auf die Jagd nach Holz.« Percy setzte die Mütze auf. »Wenn wir ordentliche Arbeit abliefern, macht Francesca Ihrer Mum bestimmt noch das eine oder andere Kissen.« Er zwinkerte, dann ging er zur Tür hinaus. Rob folgte ihm. Man konnte die Männer reden und Pläne machen hören, als sie über den Rasen gingen.

Connie nahm das Pferdebuch in die Hand und blätterte es durch. »Bestimmt wird Percy mitten in der Nacht wieder einfallen, wem das mal gehört hat, und dann weckt er mich und erzählt es mir«, sagte sie leise.

Die Kamera klickte, und sofort waren sie wieder im Hier und Jetzt. »Aido«, seufzte Emmie, »lass das. Oder sag mir wenigstens vorher Bescheid, wenn du mich fotografierst.«

Aiden schoss noch ein Foto von Emmies unzufriedenem Gesicht, lachte und antwortete: »Ich versteck mich doch nicht im Gebüsch, du wusstest, dass ich hier bin. Das ist alles für meine Fotoreportage, die immerhin deine Idee war.«

»Hm«, machte Emmie. »Undercover-Reportage könnte man das wohl auch nennen oder anschleichen und rumschnüffeln. Hört sich alles nicht besonders gut an, oder?«

»Ich geh lieber mal nach Hause und kümmere mich um meine Arbeit«, sagte Connie. Sie drückte Francesca und lächelte Aiden und Emmie zu.

»Aiden, lass dir mal die Haare schneiden«, sagte sie, dann strich sie ihm die blau-schwarzen Locken aus der Stirn. Aiden hatte sich über seine Kamera gebeugt.

»Ja, Connie«, sagte er, ohne aufzuschauen.

»Oh, Francesca, gibst du mir mal ein Stück Küchenpapier?«, rief Connie dann aus dem Flur. »Ich sammele nur eben diese kleine Botschaft auf, die Lonely hier hinterlassen hat, ehe jemand reintritt und es im Haus verteilt.«

»Lass nur, Connie, ich mach das«, sagte Emmie. »Ich muss sowieso raus und einen Haufen Botschaften vom Pony einsammeln. Und die von Lonely ist unschätzbar wertvoll ... so wie Dad geguckt hat!«

Und plötzlich explodierte Emmie vor Lachen.

Die anderen hielten sich noch eine Sekunde zurück, ehe sie einstimmten. Doddsy kam wieder zu ihnen zurück und sagte: »Ihr klingt wie ein Haufen alter Hennen.« Und darüber mussten sie noch lauter lachen.

10. Kapitel

Emmie fluchte leise, als sie die Schubkarre mit Mist auf den Komposthaufen kippte. Der eisige Wind, der den ganzen Tag geweht hatte, peitschte ihr die Haare in den Mund. Sie packte ihren Pferdeschwanz, drehte ihn ein paarmal und stopfte ihn unter die Wollmütze. Der nervige Wind und der Umstand, dass der Wasserboiler in der Scheune die Stromversorgung immer wieder störte, hatten dazu geführt, dass das Bad des immer noch namenlosen Ponys verschoben worden war. Emmie fand es schlimm, dass sie so lange warten mussten. Percy hatte aber einen Elektriker aus der Umgebung angerufen, und der war erst diesen Morgen gekommen.

Sie ging zurück zum Haus. Auf dem Weg blieb sie stehen und freute sich über die Arbeit von Percy und Rob, die den Carport geschlossen und dem Pony einen Stall gebaut hatten. Sie hatten die Bretter von den riesigen alten Apfelkisten verbaut, in denen die Äpfel früher immer im Lastwagen auf die Märkte gefahren worden waren. Jede Kiste war so groß wie Emmie und trug die Aufschrift »Loves Apples«. Eine stabile Stalltür rundete das Werk ab. Das Sofa hatten die Männer vor der neuen Wand stehen lassen und es umgedreht, sodass die Sitzfläche zur Straße gerichtet war.

Als alles fertig war, hatte Emmie anfangs überlegt, ob sie das Pony Apples nennen sollten, aber das passte nicht. Mit jedem Tag wurde die

Stute gesünder, und ihre Persönlichkeit trat stärker und strahlender hervor. Ein Name wie Apples passte besser zu einem süßen Shetlandpony.

Emmie ging zum Briefkasten und sah nach, ob Post gekommen war. Der Lieferwagen von einem Kurierdienst bog gerade auf die Auffahrt ein. Das Fenster wurde runtergelassen, und ein Mann mit rundem Gesicht lächelte zu ihr runter. »Morgen«, sagte er. »Lieferung für Cannan.«

»Das sind wir.« Emmie fand das nicht ungewöhnlich. Francesca bestellte Stoffe häufig online, sie bekamen also oft große Lieferungen.

Der Mann reichte Emmie ein Klemmbrett. »Würdest du bitte dafür unterschreiben?«

»Klar.« Sie unterschrieb und bekam im Austausch für das Klemmbrett ein großes, rutschiges Paket. Wie erwartet, dachte Emmie, noch mehr Stoff.

Der Weg zum Haus mit Schubkarre und dem Paket unterm Arm war mühsam, Francesca kam Emmie entgegen.

»Warum hast du das nicht in die Schubkarre geworfen, du verrücktes Ding?«, fragte Francesca. »Ich hab gar nicht mit einer Lieferung gerechnet, das heißt wohl, dass ich zu viele Sachen bestelle.« Sie drehte das Paket um, warf einen Blick auf den Lieferschein und guckte überrascht hoch. »Oh, ich bin wohl doch nicht so vergesslich – das ist nicht für mich.«

»Aber der Mann hat gesagt, es ist für Cannan«, sagte Emmie achselzuckend.

»Stimmt auch«, sagte Francesca. »Aber in diesem Fall handelt es sich um H. Cannan – und das bist du.« Sie wollte Emmie das Paket reichen, aber die packte nicht zu.

»Hier, nimm es.« Francesca lachte.

Emmie griff nach dem rutschigen Ding und drehte es um. Ihr Dad war der Einzige, der sie Hope nannte, aber die Schrift war verwischt und der Absender unleserlich.

»H. Cannan?« Sie sah ihre Mum an.

»Das muss von deinem Dad kommen.« Francesca lächelte. »Mach's schon auf, na los.«

Emmie hielt das Paket noch eine Weile im Arm, sie fragte sich, ob ihre Mum wohl wusste, was das war. Doch Francesca schüttelte den Kopf und sagte: »Ehrlich, ich hab keine Ahnung, was das sein soll.«

Emmie packte die dicke Plastikhülle und versuchte sie auseinanderzureißen. Zuerst dehnte sie sich nur, dann gab sie nach, und sie konnte den Finger in ein Loch stechen und kräftig ziehen.

»Nun guck doch nicht so besorgt«, sagte Francesca. »Das beißt schon nicht.«

Also hockte Emmie sich auf die Auffahrt, griff ins Paket und zerrte eine blau karierte Baumwollpferdedecke heraus. Sofort wusste sie, dass es eine von Chets alten Decken war. Dann kam eine Wolldecke, die Chet auf einem Turnier gewonnen hatte, und zum Schluss eine alte Regendecke, die schon bessere Tage gesehen hatte.

Sie schaute auf. Francesca lächelte sie an. »Sieht ganz so aus, als ob dein Dad sich mit dem Gedanken anfreundet, dass du ein Pony hast.«

Emmie langte tief in die Verpackung und holte drei Bürsten und ein gefaltetes Blatt Papier heraus. Sie klappte es auf und las: »Liebe Hope, ich sorge dafür, dass dir auch deine anderen Sachen zugeschickt werden. Viele Grüße, Caroline.«

Mit gesenktem Kopf reichte sie den Zettel an Francesca weiter. Sie war so überwältigt von Gefühlen, von Genervtheit und Wut, dass sie kein Wort rausbrachte.

»Das ist nett von ihr«, sagte Francesca, nachdem sie die Nachricht gelesen hatte.

Emmie wusste, dass Francesca auf Zustimmung wartete, aber sie schaute nicht auf.

»Esperanza?«, hakte Francesca nach. »Wo ist das Problem?«

Emmie rammte die Hände in die Taschen ihres Kapuzenpullovers und stand auf. Sie wollte erklären, warum sie so wütend geworden war, doch sie fand keine Worte.

Schließlich atmete sie tief durch und schaute ihrer Mum in die Augen. »Sie soll sich raushalten und nicht an meine Sachen gehen.« Emmie war erstaunt, wie hart und trocken ihre Stimme klang. »Meine Pferdesachen sind im Hänger eingelagert – und da hat sie nichts zu suchen. Bei Dad habe ich nicht mal ein Zimmer, ich schlafe im Abstellraum. Meine Sachen sind im Hänger, und sie hat nicht das Recht, sie anzufassen. Sie soll auf ihrer verdammten Seite der Grenze bleiben.«

Francesca musterte sie eindringlich, ganz so, als würde sie gern wissen, wo diese Worte herkamen – und was sie dazu sagen sollte.

»Das mit deinen Sachen kann ich verstehen, Emmie. Aber was meinst du mit ›ihrer Seite der Grenze‹?«, fragte Francesca, die Emmie nicht die Gelegenheit gab, sich vor diesem Gespräch zu drücken.

»Auf Dads Seite der Grenze, auf der Sydney-Seite, auf Dads Du-und-dein-alter-Klepper-seid-ein-Witz-Seite der Grenze.« Emmie war den Tränen nahe, sie starrte Francesca an und hoffte inständig, sie würde sie verstehen.

Lange sagte Francesca nichts, dann lächelte sie Emmie liebevoll an. »Du machst es dir nur schwer, Emmie, wenn du an Grenzen denkst, besonders in deiner Familie. Du bist ein Teil von Dads Leben, und das ist Caroline auch. Und ich bin ein Teil von Dads Leben, deshalb ist

Caroline auch ein Teil von meinem, wie auch immer so eine Verbindung aussehen mag.«

Was für ein Teil von seinem Leben?, wollte Emmie wissen. Er würde immerhin für ein halbes Jahr weggehen. Aber sie fragte nicht. Sie wollte das Gespräch hier und jetzt beenden und so tun, als hätte es die letzten zehn Minuten nie gegeben. Aber Francesca wollte sie nicht entkommen lassen, sie war fest entschlossen, die Sache zu klären.

»Es ist so, als würden meine Sachen einfach nicht respektiert«, sagte Emmie. »Stell dir mal vor, ich würde in Dads oder Carolines Sachen rumwühlen.«

Die Wut flammte in Emmie auf, als sie daran dachte, wie sich ihr Dad über sie lustig gemacht hatte. Sie redete weiter: »Und Caroline darf sich nicht einfach einschalten und mit von der Partie sein, nur weil ihre Tante Pferde hatte. Bisher hab ich sie noch nie ein Wort über Pferde sprechen hören. Und Dad darf auch nicht alles und jeden immerzu beurteilen und mir sagen, dass er mir ein tolles Pferd kauft, wenn ich dieses hier loswerde. Er muss mal lernen, dass man nicht alles kaufen und alles einfach so ersetzen kann.« Und dann kam sie zum schmerzhaften Teil, zu etwas, das sie noch nie irgendjemandem eingestanden hatte. »Er hat niemals zu mir gesagt, dass es ihm leidtut. Er hat sich nie entschuldigt. Nicht dafür, dass er gegangen ist – und nicht wegen Chet.«

»Ah«, sagte Francesca. Sie setzte sich auf den Rand der Veranda und verschränkte die Arme, um die Kälte abzuwehren. Eine Zeitlang schaute sie über den Rasen.

»Caroline kann ich dir nicht erklären, Emmie. Ich kenne sie nicht. Was deinen Dad angeht und die Entscheidungen, die er trifft: Du denkst, dass es für ihn nur um glanzvolle Dinge und Gewinnen geht. Aber du bist anders – und mehr brauchst du nicht zu wissen. Ich weiß nicht, wie dein Dad denken konnte, dass es in Ordnung war, Chet Medikamente zu geben. Vielleicht wollte er nur nicht, dass du nach all deiner harten Arbeit nicht antreten konntest. Und du hast recht, er hätte sich schon längst entschuldigen müssen, aber dann müsste er auch zugeben, dass er im Unrecht war – und darauf kannst du lange warten. Manche Menschen schaffen das nicht.«

Emmie schaute auf den Haufen Decken und Bürsten. »Es ist so, als würden sie mich Stück für Stück rausfegen, so als würde ich alles schmutzig machen und …«

»Und was?«, fragte Francesca. »Könnte es nicht sein, dass sie diese Sachen nur geschickt hat, weil es nett ist?« Ihr Ton war ruhig.

Emmie konnte ihrer Mutter nicht in die Augen sehen. Schließlich drehte sie sich zu ihr um und sagte: »Genau das ist es. Ich hab das Gefühl, sie tun nie was einfach nur, weil es nett ist.«

Francesca lächelte Emmie sanft an und sagte: »Du glaubst wirklich nicht, dass das hier einfach nur eine freundliche Geste ist?«

»Nein.« Emmie zuckte mit den Schultern. »Ich verstehe eigentlich nie, warum sie irgendwas machen, weder Dad noch Caroline, aber ich strenge mich an, damit ich glauben kann, dass sie an das Pony gedacht hat.« Emmie zog sich die Ärmel über die Hände. Sie war schwer genervt. Dann schlug sie seufzend die Kapuze zurück und sackte in sich zusammen. »Und ich nehme an, du wirst von mir verlangen, dass ich mich bei ihr bedanke. Hast du ihre Nummer?«

»Wessen Nummer?« Francesca lächelte.

»Mum, hast du Carolines Nummer?«, fragte Emmie. Sie bemühte sich, den negativen Ton aus ihrer Stimme zu verdrängen.

»Ja, ich bin mir ziemlich sicher, dass ich sie habe. Warum denn, Emmie?«, zog Francesca sie auf. Ein Versuch, für bessere Stimmung zu sorgen.

»Dann kann ich ihr eine SMS schicken und mich bedanken, dass sie die Decken geschickt hat«, sagte Emmie.

»Wie wär's mit einem Anruf?«, schlug Francesca vor. Emmie wusste nicht, ob das ernst gemeint war.

»Ich könnte ja ein Foto schicken, wenn das Pony sauber ist und eine der Decken drauf hat«, antwortete Emmie.

»Abgemacht.« Francesca stand auf. »Dann rufen wir Pete und waschen das Pony.«

»Boah, das Zeug stinkt.« Pete verzog angewidert das Gesicht. Er hielt die Flasche mit dem Läuseshampoo am ausgestreckten Arm vom Gesicht weg. »Ich glaube, ich habe mir gerade alle Nasenhaare versengt.«

»Dann ist es ja wenigstens für irgendwas gut.« Doddsy lachte, während sie Joshy auf seinen wackligen Beinchen hielt.

Emmie steckte den Führstrick durch die Öse, die sie aus einem Stück Schnur gemacht und am Geländer in der Scheune angebunden hatte, genau vor der Tür zur alten Waschküche. Es war eine schöne alte Scheune. In der Mitte war sie mit Steinen gepflastert, und an warmen Sommertagen roch es hier nach Apfelwein.

Connie und Percy konnte man in der Waschküche darüber streiten hören, wie man einen Schlauch am alten Wasserhahn befestigte.

Pete trat von einem Fuß auf den anderen und sagte zu Emmie: »Wenn wir Eimer nehmen, ist die Arbeit getan, bevor sie mit dem Streiten fertig sind.« Er rief laut: »Nun macht schon, ihr beiden, wir haben nicht den ganzen Tag Zeit.«

Francesca kam mit den Pferdedecken rein. »Habt ihr immer noch nicht angefangen?«, fragte sie. Die Decken legte sie über eine alte Apfelkiste, damit sie nicht im Weg waren.

»Wir warten noch auf die Klempnereispezialisten.« Pete grinste noch, da erschien Percy mit dem Gartenschlauch. Die leuchtend orangefarbene Spritze hielt er in der Hand. »Keine Ahnung, wie lange die drauf bleibt«, sagte er. »Aber im Moment hält sie noch. Sagen wir's mal so: Alles steht und fällt mit dem Isolierband.«

»Gut«, sagte Pete, »dann machen wir uns mal nass.«

Emmie richtete den Schlauch vorsichtig auf die kleine Stute und fing an den Beinen an. Sie wusste nicht, womit sie rechnen musste. Die Stute wurde unruhig, versuchte sich umzudrehen und den Schlauch zu untersuchen, aber das war vergessen, sobald sie die Läuselotion mit den Händen und einer Gummibürste ins Fell rieben.

»Das fühlt sich wohl gut an.« Pete war einen Schritt zurückgetreten, er lachte, als ihm die Stute ihr Hinterteil entgegenschob. Sie bat ihn, noch weiter gepflegt zu werden. »Haben wir irgendeine Stelle vergessen?«, fragte er und ging um sie herum.

»Glaube ich nicht«, keuchte Emmie, die die Lotion mit aller Kraft in die weiße Mähne einmassierte. Die Stute hielt ihr den Hals hin. »Wie lange muss das draufbleiben?«, fragte Emmie.

Connie nahm die Flasche und hielt sie auf Armeslänge von sich weg, nur so konnte sie die Gebrauchsanweisung deutlich lesen . »Hier steht zehn Minuten.« Sie schaute auf die Uhr. »Ich achte auf die Zeit«, bot sie an.

Die Minuten verstrichen, und das Pony wurde immer unruhiger, weil es kalt wurde. Nervös trampelte es auf dem Boden herum.

»Steh, Mädchen«, sagte Emmie und klopfte ihr die Schulter. Einen Augenblick lang hielt sie still, aber sobald Emmie sich entfernte, fing das Getrampel wieder an. Sie warf den Kopf, zerrte am Strick und an dem alten Halfter, das so viel Druck nicht aushielt und zu reißen drohte.

»Was soll das denn?«, fragte Connie. Sie klang verärgert.

»Da bin ich mir nicht sicher«, sagte Emmie. Sie sah das Pony an und überlegte, was sie als Nächstes tun sollte. Sie war erleichtert, als Connie schließlich rief: »Die Zeit ist abgelaufen!« Percy antwortete: »Ich dreh den Wasserhahn auf.«

Während Emmie die Lotion aus dem langen Fell spülte, tänzelte das Pony noch mehr herum. Emmie wusste nicht recht, was sie machen sollte. Chet hatte sich nie so aufgeführt. Da ihr nichts anderes übrigblieb, machte sie einfach weiter mit dem Schlauch und sprang aus dem Weg, wann immer die Stute ihr zu nahe kam. Emmie schaute rüber zu Pete, aber den störte das Gehampel anscheinend nicht – vielleicht wusste er aber auch nicht, was zu tun war. Die kleine innere Stimme, die fragte, was ihr Vater jetzt wohl machen würde, ignorierte Emmie einfach. Er ist nicht hier, sagte sie sich, und er kommt auch nicht.

Zum Glück zuckte das Pony nicht zurück, und ohne Eisen an den Hufen machte es auch weniger Lärm auf dem Boden.

»Wasser abstellen, bitte!«, rief Emmie, als der letzte Schaum in den Abfluss lief. Dann nahm sie sich den Deckel von einem Plastikbehälter, den sie aus der gelben Tonne geholt hatte, und fing an, das Wasser aus dem Ponyfell zu schaben. Als sie ans Genick der Stute kam, wich die zurück und warf den Kopf. Dabei erwischte sie Emmie an der Stirn und wäre ihr beinahe auf den Fuß getreten.

Frustriert und überrascht vom Schmerz gab Emmie ihr, ohne nachzudenken, mit der freien Hand einen Klaps auf die Schulter. »Das reicht!«, sagte sie laut. Nasse braune Ohren klappten nach hinten, das Pony gehorchte und stand endlich still. Angespannt war es immer noch, und die Ohren blieben angelegt, aber wenigstens konnte Emmie ungestört das Wasser aus dem Fell streichen und die Decken auflegen.

»Was hat sie nur?«, fragte Francesca. Sie reichte Emmie die erste Decke.

»Keine Ahnung«, sagte Pete. »Vielleicht brennt das Zeug ein bisschen. Auf alle Fälle riecht es so. Oder vielleicht ist ihr einfach nur kalt oder …« Er zögerte und überlegte, ob er sagen sollte, was er wirklich dachte. »Vielleicht fühlt sie sich einfach besser?«

Emmie hielt die erste von Chets alten Decken hoch. Sie würden der Stute ein wenig zu klein sein und nicht ganz bis zum Schweif reichen, aber besser als gar nichts. Zu Pete sagte Emmie: »Na, wenn sie das macht, weil sie sich besser fühlt, war das hoffentlich kein Vorgeschmack darauf, wie sie sein wird, wenn es ihr so richtig gut geht.«

Sie fragte Percy: »Bist du einverstanden, wenn ich sie in den Paddock stelle? Ich will sie nicht in den Stall bringen, ehe sie trocken ist. Könnte ja sein, dass sie sich da drinnen wälzen möchte.«

»Na klar«, antwortete Percy. »Irgendwer sollte das Gras da fressen, abgesehen von den Kängurus. Aber ich friere jetzt und geh rein ans Feuer. Später können wir uns den Paddock mal genauer ansehen. Sie kann nicht immerzu im Carport stehen. Vielleicht solltest du den Paddock nutzen.«

»Danke, Percy, das wäre toll«, sagte Francesca. Wieder ein Problem gelöst.

»Danke, alle miteinander«, sagte Emmie. Sie löste den Führstrick und ging mit der Stute raus in den schwachen Sonnenschein. »In zwei Wochen zur selben Zeit?« Sie wartete nicht auf die Antworten.

»Wir brauchen wirklich einen Namen für dich, was, mein Mädchen?« Emmie ging durchs lange Wintergras, während das Pony von einem grünen Fleck zum nächsten wanderte, so als wäre jeder Halm so gut, dass sie sich einfach nicht für einen entscheiden konnte. Die

Mähne trocknete langsam, und die ersten Strähnen wehten im Wind. Nicht zu fassen, wie schön sie geworden war. »Nun stell dir mal vor, wie du erst nach Shampoo und Conditioner aussehen wirst«, sagte Emmie, die einen lockeren Zopf in die Mähne geflochten hatte. Den ließ sie aber los, als die Stute weiterzog. Emmie ließ den Blick über die Wiese schweifen. Fast perfekt für ihre Zwecke. Groß genug und mit einer Reihe von großen Pappeln, die jetzt zwar kahl waren, im Sommer aber Schatten spenden würden. Sie schaute zurück zum Gatter und sah sich nach einem Platz um, an den sie den Wassertrog stellen konnten. Ein kleineres, abgezäuntes Stück Wiese neben dem Schuppen fiel ihr auf. Das wäre ideal, um das Pony das erste Mal frei laufen zu lassen, dachte sie.

Dann hörte sie ihren Namen. Francesca stand am Briefkasten und rief ihr etwas zu. Emmie hielt die Hand ans Ohr, um ihr zu verstehen zu geben, dass sie nichts verstehen konnte. Francesca kam zu ihr rüber. »Ach du meine Güte, Emmie, guck dir das mal an!« Sie hielt zwei Blätter Papier hoch.

Mit erwartungsvoller Miene gab Francesca die Papiere an Emmie weiter.

»Hier«, sagte sie, »das müsste ein bis zwei unserer Fragen beantworten.« Emmie brauchte eine Sekunde, bis sie kapierte, was sie da in der Hand hatte.

»Das ist vom Auktionator gekommen«, sagte Francesca, die beobachtete, wie Emmie ein Licht aufging.

»Das … das ist der Equidenpass«, stammelte Emmie erfreut.

Francesca war ganz aufgeregt. »Auf dem Anschreiben steht, dass der Auktionator die Papiere im Büro gefunden hat. Ich weiß nicht, ob in seinem Büro oder in dem von Victoria, aber wie auch immer, sie gehören diesem Pony.«

Emmie studierte die Dokumente, so langsam sah sie klarer. »Ein Deutsches Reitpony. Ausgerechnet. Dad hätte gar nicht nach Deutschland fliegen müssen, um sich welche anzugucken.« Sie sah Francesca an, die nur eine Augenbraue hochzog. Sie schauten sich die Dokumentation der besonderen Kennzeichen genau an. Kein Zweifel, das war ihr Pferd. Der Name der Mutterstute und des Deckhengstes waren vermerkt und deren Abstammung – und das Alter der Stute. Sie war acht Jahre alt. Ihr Brandzeichen war ebenfalls abgebildet, ein großes J neben einem liegenden M. Und da stand, wie sie hieß.

»Ist das wirklich ihr Name?« Emmie runzelte die Stirn und verglich die langen, komplizierten Namen der Verwandten mit dem kurzen, kompakten Namen ihres Ponys. »Ich weiß nicht mal, was das bedeutet.«

Francesca lachte. »Ich finde, das ist ein toller Name. Er bedeutet unter anderem Courage, Mut, Furchtlosigkeit, Herz, Nerven, Ausdauer. Und das«, sie lächelte breit, »wäre dann die höchste Punktzahl aller Zeiten beim dreifachen Wortspiel.«

»All diese tollen Eigenschaften stecken in diesem einen Wort?«, staunte Emmie. »Und ich hab noch nie davon gehört.«

»Das hast du jetzt. Und ich finde, es passt fantastisch, besonders wenn man bedenkt, wie wir zu ihr gekommen sind und in welchem Zustand sie war. Ganz zu schweigen davon, wie weit sie schon gekommen ist.« Francesca lachte.

Emmie drehte sich zu ihrem Pony um, das den Kopf nicht vom Gras gehoben hatte. Sie holte tief Luft und sagte: »Moxie?« Die braunen Ohren zuckten, und die Stute hörte auf zu grasen, hob aber den Kopf nicht. »Hey, bist du Moxie?«, fragte Emmie. Die kleine Stute hob den Kopf und sah sie direkt an, die Ohren nach vorne gestellt. Sie seufzte lange und tief.

»Ja, so ist gut, Liebling«, sagte Francesca. Sie strich dem Pony über die Nüstern. »Wir wissen, wer du bist.«

»Moxie Cannan«, sagte Emmie. »Was hast du gesagt, Mum? Mut, Herz, Zähigkeit?« Sie lächelte Francesca an. »Wir hätten keinen besseren Namen für sie finden können.«

11. Kapitel

»Du kannst sie also reiten?«, fragte Aido hinter der Kamera hervor. Die schweren dunklen Wolken, die langsam von Westen heranzogen, faszinierten ihn völlig.

»Keine Ahnung«, sagte Emmie. »Solche Sachen stehen nicht im Equidenpass.«

»Hast du im Internet gesucht?«, fragte Aido.

»Nur ganz schnell auf Mums Handy, aber ich konnte nichts finden.« Moxie zog Emmie zwischen die wenigen Bäume, die noch in der alten Plantage standen, da konnte sie am harten Wintergras knabbern.

»Irgendwas gibt es da bestimmt«, sagte Aiden, »du musst nur weiterbuddeln. Im Internet kann man alles finden oder rauskriegen.«

»Wäre toll zu wissen, ob sie eingeritten ist.« Emmie legte die Stirn in Falten und zupfte ein Blatt aus Moxies weicher Mähne.

»Das ist leicht rauszukriegen, oder?«, fragte Aiden. »Steig auf und du wirst abgeworfen: Du kannst sie nicht reiten. Du wirst nicht abgeworfen: Du kannst sie reiten.« Er lächelte.

Emmie lachte. »Warum bin darauf bloß nicht gekommen? Ich bin so dankbar, dass du dich für den Test zur Verfügung stellst. Gib mir Bescheid, wenn du bereit bist. Ich halte die Kamera.«

»Also, ich fand ja schon immer, dass ich Rodeoreiter werden sollte, wenn das mit der Karriere als Fotograf nicht klappt«, sagte Aiden trocken.

»Ganz deiner Meinung.« Emmie lächelte. Sie zog Moxies Decke glatt.

Große Regentropfen fielen. Noch war es kein richtiger Schauer, nur eine Warnung vor dem, was kommen würde.

»Lass uns lieber wieder zurückgehen«, sagte Aiden. Er steckte seine Kamera unter die Jacke und zog den Reißverschluss bis zum Hals hoch.

»Komm mit, Mox«, sagte Emmie. Sie führte die Stute wieder aufs Haus zu.

Auf dem Weg durch das lange Gras fing Moxie an, am Halfter zu ziehen und zu traben. »Ruhig, Mädchen«, sagte Emmie. Sie versuchte sie zurückzuhalten, aber der Zug am Halfter feuerte sie nur noch mehr an. Auf einmal blieb Emmie mit dem Fuß an einem Ast hängen, der im Gras versteckt lag, und stolperte. Sie wollte sich abfangen und wieder Halt finden, doch dabei rempelte sie Moxie an. Die wirbelte zu ihr herum und riss Emmie fast um. Die Stute warf den Kopf, und weil es ihr überhaupt nicht gefiel, gehalten zu werden, wich sie zurück und zerrte am Strick.

»Pass auf!« brüllte Emmie Aiden zu, als Moxie rückwärts auf den Zaun zuhielt. Sie schleifte Emmie mit, denn die hielt fest, sprang aber zur Seite, als Moxie gegen den Zaun knallte, sich erschreckte und mit einem Satz nach vorn genau auf der Stelle landete, an der Emmie eine Sekunde davor noch gestanden hatte.

Als ob der Stoß von hinten sie aus ihrer Panik geholt hatte, blieb Moxie still stehen, mit gerecktem Hals hielt sie nach Gefahren Ausschau. Dann schüttelte sie den Kopf und schnaubte laut. Sie scharrte mit den Hufen und senkte den Kopf. Der Sturm war vorüber.

»Was sollte das denn?« Aido machte große Augen, er hatte sich auf der anderen Seite vom Zaun in Sicherheit gebracht.

»Weiß ich nicht«, sagte Emmie. »Irgendwas muss sie erschreckt haben.« Sie drehte sich zur Plantage um und versuchte zu entdecken, was Moxie so in Fahrt gebracht hatte. Aber da war nichts zu sehen.

Die Warnung von Rob und Selena ging Emmie durch den Kopf, dass das ruhige, friedliche Pony, das sie mit nach Hause gebracht hatten, zu einem ganz anderen werden konnte, sobald es wieder gesund war. Wieder prasselten die Regentropfen, Aido schaute sehnsüchtig zu seiner Haustür rüber.

»Ich schaff das, geh nur«, sagte Emmie. Sie klang selbstbewusster, als sie sich fühlte. Aber Aiden konnte sowieso nichts tun.

»Bist du sicher?« Aiden beäugte Moxie, als hätte sie sich plötzlich in einen feuerspeienden Drachen verwandelt. Die Ohren nach vorn gerichtet, starrte die Stute immer noch in die Plantage, doch wenigstens hielt sie die Füße ruhig.

»Ja, klar, alles bestens, wir kommen zurecht, sie hat sich nur erschreckt.« Emmie versuchte sicher zu klingen, obwohl sie durch den Führstrick hindurch die nervöse Energie der Stute spüren konnte.

»Okay, dann bis später?«, rief er, als er mit der Hand unter der Kamera davonjoggte.

Moxie fuhr mit einem Ruck herum und schaute ihm nach, sie tänzelte auf der Stelle, kam Emmie zu nahe, war aufgeregt.

Emmie fasste den Strick noch mal neu und suchte den Boden nach einem Zweig oder irgendwas anderem ab, das dazu taugte, die Stute am Voranstürmen zu hindern. Aber da war nichts. Sie gab auf und ging los Richtung Stall. Gehen war besser, als sich mit Moxie übers Stillstehen zu streiten, schien ihr. Außerdem würde sie diese Auseinandersetzung auf jeden Fall verlieren, mit ihrem kurzen Strick und dem alten Halfter.

Sie gingen das Stück Sandweg hinauf, das zur Straße führte. Moxie zog die Knie hoch beim Tänzeln und zerrte am Strick. Emmie versuchte sie im Schritt zu halten und packte sie am Halfter. Sie überlegte, wie sie Moxie beruhigen konnte, und hoffte schließlich nur noch, dass sie sie in den Stall zurückbringen konnte, ohne sie loslassen zu müssen.

Sie nahmen die Abkürzung über den Rasen im Vorgarten, das Gras war glatt vom Regen, und Matsch spritzte von den Hufen der tänzelnden Stute. Als die Stalltür in Sicht kam, stürmte Moxie darauf zu. Emmie folgte ihr schnell und machte die Tür hinter ihr zu.

Da standen sie nun und sahen einander an, als wäre das ihre erste Begegnung. »Meine Güte, Moxie«, sagte Emmie. »Was war denn da los?« Die Stute ließ den Kopf sinken, und Emmie stellte sich neben sie und rieb ihr den Hals, ehe sie die Schließe des alten Halfters löste und es abnahm. Moxie wandte sich ihrem Heu zu, und Emmie runzelte die Stirn. Sie wusste überhaupt nichts über diese Stute, die sie auf einem kurzen Spaziergang beinahe umgerissen hatte und abgehauen wäre. Das war eindeutig kein ruhiges Kinderpony. Emmie würde viel intensivere Nachforschungen anstellen müssen, denn sie musste wissen, wer Moxie wirklich war. Sie musste Dinge wissen, die nicht in Moxies Papieren zu finden waren.

Emmie überprüfte noch mal ganz genau, ob sie Moxies Namen auch richtig eingegeben hatte. Dann fiel ihr wieder ein, was Aiden gesagt hatte, und sie fügte noch »Deutsches Reitpony, Dunkelfuchs« hinzu. Gerade als sie auf »Suchen« gehen wollte, ertönte das Pling von ihrem E-Mail-Account. Einen Moment lang ließ sie den Cursor über dem Suche-Button schweben, dann seufzte sie und klickte auf E-Mail. Sie wartete auf Aufgaben von der Schule. Aber die Mail war von Steven.

Emmie saß da und starrte sie an. Ihr Vater hatte gesagt, er würde ihr mailen, solange er auf Reisen war. Dann musste er sich nicht um Zeitverschiebungen Gedanken machen oder befürchten, dass er Leute weckte. Ist ja auch leichter als die verdrucksten Anrufe, bei denen keiner weiß, was er eigentlich sagen soll, dachte Emmie. Aber ihr Vater hatte Sydney noch nicht mal verlassen – und er mailte schon.

Sie überlegte kurz, ob sie die Mail ignorieren sollte, aber sie hatte nichts mehr von ihm gehört, seit sie sich am Auto verabschiedet hatten. Also hielt sie die Luft an, drückte energisch auf Enter und lehnte sich zurück. Es waren nur ein paar Zeilen.

»Hope, an meinen freien Tagen werde ich herumreisen und Züchter von Deutschen Reitponys besuchen. Mein Angebot – ein neues Pferd und ein Internat – steht nach wie vor, aber dafür muss dieses mickrige Pony weg. Dad X«

Emmie starrte eine Weile auf die Mail. War das echt alles? Mehr brachte er nicht zustande?

Sie las sich die Nachricht noch ein paarmal durch, dann – den Tränen nahe – sagte sie sarkastisch: »Hallo, Emm, wie geht es dir, mein Liebling? Bist du immer noch so müde? Geht's bald wieder zur Schule? Wie läuft es denn mit deinem neuen Pony? Brauchst du Hilfe bei irgendwas? Ich könnte kommen und dir deine Pferdesachen bringen, wenn du willst. Alles Liebe, Dad.«

Die Mail hatte einen Anhang, drei Fotos von den schönsten Ponys, die Emmie je gesehen hatte. Das erste war ein kastanienbrauner Wallach mit vier weißen Socken, der vor gelben Bäumen stand. Dann eine dunkelbraune Stute mit einer schmalen Blesse und einer weißen Fessel hinten, und zuletzt ein Apfelschimmel, auf dem jemand, der nur wenig älter als Emmie sein konnte, im starken Trab durch eine große Halle ritt.

Kaum zu glauben, das Moxie zur selben Rasse gehörte. Es war nicht zu leugnen: Diese Ponys waren großartig. Aber wie konnte man bloß so viel Geld für ein Pony ausgeben, das dann noch um die Welt transportiert werden musste, wenn man es noch nicht mal geritten hatte? Sie lächelte kurz. Moxie hatten sie gekauft, ohne sie vorher zu reiten – sie hatten nicht mal gewusst, ob sie überhaupt geritten werden konnte –, aber das war eine ungeplante Rettungsaktion gewesen.

Am liebsten hätte Emmie gesagt: Danke, aber ich habe schon ein Deutsches Reitpony. Doch dann fiel ihr wieder ein, wie Steven sich über Moxie lustig gemacht hatte, und sie wusste, dass er sie bloß wieder zu einem Gespräch einladen würde, das sie nicht führen wollte. Also schlug sie sich diesen Gedanken aus dem Kopf und machte sich wieder an ihre Internetsuche.

Innerhalb von Sekunden füllte sich der Bildschirm mit Ergebnissen, die alle nichts mit ihrer Moxie zu tun hatten. Sie musste die Sache irgendwie anders angehen. Emmie klickte Bilder an. Zunächst erfolglos, aber gerade als sie eine andere Suche starten wollte, fiel ihr Blick auf ein Bild von einem dunkelbraunen Pony, das mit anderen Pferden in einer Reihe stand. War das vielleicht Moxie? Emmie klickte das Bild an und wartete, bis es vergrößert erschien, dann schaute sie ganz genau hin.

Da war sie. Kein Zweifel, das war Moxie. Bei einer Siegerehrung. Die Überschrift lautete:»In der Gruppe der Fünfjährigen: 1. Platz Romany Whistler, A. Hawkins, 2. Platz Moxie, Besitzer: T. R. French, geritten von J. S. O'Brien.«

»Mum!«, rief Emmie, aber sie bekam keine Antwort, das Haus war still. Wahrscheinlich arbeitete Francesca. Emmie schnappte sich den Laptop und ließ ihn in der Aufregung beinahe fallen. Dann huschte sie raus zur Werkstatt und knallte ihn auf Francescas Zuschneidetisch, eine alte Tür auf Schreinerböcken. Francesca saß davor, kaute an einem Bleistift und betrachtete ein Stück Stoff und das Foto von einem Raum, den Emmie nicht kannte.

Francesca bohrte sich den Bleistift in ihren Haarknoten, dann drehte sie sich zu Emmie um. »Was hast du gefunden?«, fragte sie.

»Ich habe Moxie gefunden!« Emmies Stimme war ganz schrill vor Aufregung. »Guck nur!« Sie zeigte auf den Bildschirm.

Francesca wischte sich die Brille an ihrer Arbeitsschürze ab, bevor sie sie aufsetzte. »Na, so was.« Sie starrte das Foto an. »Tatsächlich. Ist da sonst noch was?«

»Ich hab noch nicht geguckt«, gestand Emmie.

»Nun, sichere das Bild.« Francesca zog ihren Schemel zu Emmie rüber. »Dann gehen wir mal zurück und gucken, was wir sonst noch finden können.«

Emmie bückte sich und hob ein Maßband auf, das sie auf den Boden gestoßen hatte. Als sie wieder aufstand, war Stevens E-Mail auf dem Monitor, mit den schönen Ponyfotos aus Deutschland und, schlimmer noch, mit seinem wiederholten Angebot vom Internat und einem neuen Pony.

Emmie geriet in Panik und schloss rasch die E-Mail. Stille hing in der Luft, doch Francesca sagte nichts, und Emmie betete, dass sie nichts gesehen hatte. Als ob rein gar nichts passiert wäre, öffnete sie den Internetbrowser und klickte sich schnell zurück zu ihrer Suchmaske.

»Versuch's mal mit Moxie und dem Namen ihrer Reiterin, J. S. O'Brien«, schlug Francesca vor. Es dauerte eine Ewigkeit, bis die Ergebnisse hochgeladen waren, und dann hagelten sie nur so auf die Seite. Moxie und J. S. O'Brien – Ergebnisse von Dressurturnieren.

»Vorgestellt in Dressurprüfungen, Victorian Summer Classic***«, las Emmie vor. Sie wollte diesen Link gerade anklicken, als Francesca auf einen anderen zeigte und sagte: »Versuch's mal mit dem.« Das war der Link zur Website vom Ausbildungsstall J. O'Brien. Plötzlich war Emmies Mund ganz trocken. Sie klickte die Seite an.

»Wir hätten wirklich die Internetverbindung überprüfen sollen, bevor wir hierhergezogen sind«, sagte Francesca, während die Seite lud. Der Grund dafür, warum es so lange dauerte, wurde aber klar, als schöne, professionelle Fotos von einem Dressurpferd nach dem anderen auf dem Bildschirm auftauchten.

»Wow«, sagte Emmie.

»Klick da mal«, Francesca zeigte auf die »Über-uns«-Schaltfläche.

Viel stand da nicht, nur: »Wir sind ein professioneller Dressurbetrieb mit dem Schwerpunkt Ausbildung, Training, Beritt von Jungpferden. Für weitere Informationen über unsere Anlage, das Training oder Pferde, die zum Verkauf stehen, bitten wir Sie, mit uns Kontakt aufzunehmen.«

Emmie überflog die Seite – da musste mehr sein. Sie klickte auf zurückliegende Veranstaltungen, scrollte sich durch Bilder. Ihre Enttäuschung wuchs, je weiter sie zurückging. Schließlich war sie ganze zwei Jahre zurückgegangen, hatte aber immer noch keine Moxie gefunden. Gerade wollte sie eine weitere Datei anklicken, da japste Francesca: »Da!« und zeigte auf eine einzelne Aufnahme von Moxie, die in einem schönen Trab durch eine Halle geritten wurde. Die Mähne war eingeflochten, der Schweif ein braunes Banner, und das Fell glänzte dunkel. Ein schöneres, talentierteres Pony hatte Emmie nur selten gesehen. Die Bildunterschrift lautete: »Die Arbeit mit dieser Stute ist traumhaft, sie ist wie geschaffen dafür. Wir danken John French, der sie uns anvertraut hat, und freuen uns auf die vor uns liegende großartige Saison.«

Auf der Suche nach mehr scrollte Emmie hoch und runter, fand aber nichts außer diesem einen golden glänzenden Eintrag.

»Nun, eines weißt du jetzt: Sie ist eingeritten, und sie ist auf Turniere gegangen – offensichtlich erfolgreich«, sagte Francesca. Sie nahm die Brille ab und sah Emmie an.

»Ja, aber …« Emmie stockte. »Wie konnte dieses Pony nur so enden und zu dem Pferd werden, das wir zwei Jahre später durch Zufall gekauft haben?«

Francesca schaute auf die Uhr. »Es ist noch nicht zu spät. Da ist eine Telefonnummer, wir rufen an und hören mal, was sie uns erzählen können.«

Emmie wischte die feuchte Hand am Hosenbein ab. Und wenn es nun aus irgendeinem schlimmen Grund nur dieses eine Foto gab? Was, wenn … nun, sie wusste nicht mal genau, wovor sie eigentlich Angst hatte. Im Moment hatte sie das Gefühl, dass alles möglich war. Es gab keine Garantie dafür, dass Moxies Geschichte eine gute war. Emmie sah Francesca an und überlegte, was sie jetzt machen sollte. Ihre Mutter lächelte. »Wer nichts wagt, wird nicht gewinnen.« Sie stellte das Handy auf Lautsprecher und wählte.

Es klingelte und klingelte. Schließlich sprang der Anrufbeantworter an, der nur diese Nachricht hatte: »Wir sind draußen bei den Pferden, bitte hinterlassen Sie eine Nachricht und Ihre Telefonnummer. Wir rufen zurück.«

Mit dem Handy in der Hand stand Francesca auf, als der Piepton erklang. Sie legte auf. »Wir versuchen es später«, sagte sie. »Ist doch besser, persönlich mit Leuten zu reden, als einfach eine Nachricht zu hinterlassen, findest du nicht?«

»Klar«, sagte Emmie, die sich noch mal das Foto von Moxie anschaute. Darauf wirkte die Stute so munter und voller Leben, das

Pferd eines Profireiters. Als Reiterin fühlte sie sich bei diesem Bild völlig überfordert, mehr noch als von der Vorstellung, eines der Ponys von den Fotos zu reiten, die Steven ihr geschickt hatte. Die waren wenigstens weit weg auf der anderen Seite der Erde. Moxie war nur auf der anderen Seite der Werkstattwand.

12. Kapitel

Emmie stieg aus dem Bett. Beinahe wäre sie auf den Laptop getreten, der immer noch auf dem Fußboden stand. Da hatte sie ihn abgestellt, nachdem sie bis spät in die Nacht Moxies Turnierergebnisse gelesen hatte. Sie hatte an Einsteiger- und Anfängerprüfungen teilgenommen, und da hatte sie ihre Sache gut gemacht. In einer M-Prüfung war sie nur ein Mal angetreten, das war zwei Jahre her – danach war sie für kein Turnier mehr gemeldet worden und verschwunden.

Emmie hörte das vertraute Quietschen der Haustür. Ihre Mum ging raus und holte die Samstagszeitung, die der Bote immer ins Tor klemmte. Emmie machte die Tür von ihrem Zimmer auf und sah Francesca in Bademantel und Gummistiefeln durch den Vorgarten gehen, den hinteren Teil der Zeitung hatte sie schon aufgeschlagen.

Ehe Francesca überhaupt etwas sagen konnte, wusste Emmie schon, dass ihre Mutter auf eine interessante Anzeige gestoßen war. Als sie reinkam, leuchteten ihre Augen.

»Da ist ein Ausverkauf in einem Secondhand- und Antikladen, hast du Lust auf eine Tour?«, fragte Francesca. Sie ging in die Küche und setzte den Kessel auf. »Ein Tag Tapetenwechsel würde uns doch ganz guttun, meinst du nicht auch?«

Emmie hätte am liebsten Nein gesagt. Sie wollte den Tag gern mit Moxie verbringen und bei J. S. O'Brien anrufen, aber sie fand es nicht fair, Francesca allein losfahren und die Arbeit machen zu lassen, die Moxies Unterhalt sicherte. Sie fuhren ja auch sonst immer zusammen.

Also zwang sie sich zu einem Lächeln und sagte: »Ja, klar, ich könnte Moxie bei Percy in den kleinen Paddock stellen, wenn er ein wenig auf sie achtgibt. Das müsste gehen.« Sie zögerte und fragte dann: »Können wir bei den O'Brien-Leuten anrufen, bevor wir losfahren?«

Francesca warf einen Blick auf die Uhr. »Wollen wir das nicht lieber machen, wenn wir wieder zu Hause sind? Wir könnten aufschreiben, was wir sie fragen wollen.«

»Ja, okay«, sagte Emmie. Sie wusste ja, dass die Idee gut war, trotzdem war sie ungeduldig. »Ich lauf gleich rüber zu Percy und frag ihn.« Emmie rutschte den Flur entlang, die Socken ringelten sich um ihre Füße. »Wann sind wir zurück? Was soll ich ihm sagen?«

»Kommt drauf an, was es da gibt. Heute Nachmittag, würde ich schätzen, sicher noch vor drei. Willst du Aiden fragen, ob er mitkommen möchte?«

»Ja, schreibst du Doddsy eine SMS?«, fragte Emmie. »Wenn Percy mittags nach Moxie guckt und ihr Heu gibt, dann sind wir also wieder da, um sie abends zu füttern?«

»Ja, viel früher. Ganz bestimmt, garantiert.« Francesca lächelte. »Willst du frühstücken?«

»Ja, bitte.« Emmie stieg in die Stiefel. »Ist egal, was. Ich komme gleich wieder!« Sie zog die Haustür hinter sich zu.

Percy kam in Arbeitskleidung an die Hintertür, mit Toastkrümeln auf seinem löcherigen braunen Gartenpullover. Ein alter, rauer Zehnagel lugte durch ein Loch in seiner Socke.

»Bitte den Hufschmied nächstes Mal, wenn er zu Moxie kommt, auch bei mir reinzuschauen, Emm. Okay?«

Als Emmie ihm erklärte, warum sie gekommen war, lächelte er und sagte: »Selbstverständlich passe ich auf, sag mir nur genau, was ich zu tun habe.« Connie holte Papier und Bleistift für ihn. »Deine Brille sitzt auf deinem Kopf«, sagte sie, gerade als er fragen wollte, wo sie denn war.

Als Emmie zurückkam, musste Moxie sie gehört haben, sie wieherte. Emmie ging ums Haus und betrachtete den schönen Kopf der Stute, den sie über die Tür hängen ließ.

»Wie bist du bloß da gelandet?«, flüsterte sie und kraulte ihr die Ohren. »Und was hast du die letzten zwei Jahre gemacht? Warst du die ganze Zeit in diesem Paddock?«

So schnell, dass Emmie es nicht kommen sah, hatte die Stute ihr in den Arm gezwickt.

»Hey!«, sagte Emmie scharf und gab ihr einen Klaps. Moxie machte einen Schritt zurück und schüttelte den Kopf. »Beißen gibt's nicht, Mox«, sagte Emmie. Sie beobachtete, wie ein lila Fleck auf ihrer Haut erschien, und rubbelte die Stelle.

Die Stute schnaubte und sprühte Emmie mit – sie wollte es nicht wahrhaben – Rotz voll.

»Oh, Mox, wie eklig!« Emmie wischte sich mit dem Ärmel übers Gesicht. »Jetzt bin ich dreckig. Da kann ich dich auch gleich rausbringen. Kein Ziehen und Steigen heute, und das Schnappen kannst du dir auch sofort abgewöhnen.« Emmie hörte eine kleine Alarmglocke schrillen. Das Scheuen, das schlechte Benehmen beim Führen – und nun schnappte sie auch noch … Stopp, sagte sie sich, das sind nur Kleinigkeiten. Aber im Grunde war sie doch besorgt, dass das nicht so ganz stimmte – und der kleine Paddock schien so weit weg zu sein.

Emmie schummelte, sie ließ Moxie Gras fressen, drängte sie nicht zur Eile und hoffte auf diese Art zu vermeiden, dass die Stute sich aufspielte. Ehrlich gesagt machte Emmie das Angst. Und sie wusste genau, dass man so nicht damit umgehen sollte, sie musste das Problem ordentlich lösen … aber erst mal würde sie es ignorieren.

Sie hatte keine Ahnung, wen sie um Rat fragen sollte. Vielleicht hatte Aido recht, vielleicht konnte man im Internet wirklich alles lernen. Früher hätte sie mit ihrem Dad über solche Sachen gesprochen. Vielleicht könnte ich ihm eine Mail schicken, überlegte Emmie. *Und wenn ich um Hilfe bitte?* Aber als sie Moxie schließlich durchs Gatter auf die kleine Wiese geführt hatte – bis dahin hatte die Stute andauernd gefressen –, wusste sie, dass sie es nicht tun würde. Sie dachte wieder daran, wie er Moxie unter ihren Decken ausgelacht hatte, und ihr fiel die E-Mail ein, die er geschickt hatte. Zudem ging ihr auf, dass er am Abend zuvor nach Deutschland abgereist sein musste. Das gab ihr einen kleinen Stich. »Danke für den Anruf zum Abschied, Dad«, sagte sie, als sie Moxie den Hals streichelte.

»Benimm dich heute bei Percy, okay, Mox?«, sagte Emmie. Das Pony richtete die Ohren nach vorn. Francesca kam um die Ecke. »Bist du so weit, dass du frühstücken kannst?«, fragte sie.

»Ja, alles gut. Percy müsste zurechtkommen, oder?«

»Auf jeden Fall«, sagte Francesca, der nichts entging. »Wie hat sie sich heute führen lassen?«

»Gut«, antwortete Emmie, die sich plötzlich am Riegel vom Gatter zu schaffen machen musste.

Dann drehte sie sich zum Haus um und wechselte das Thema.

»Ist gut, mal einen Tapetenwechsel zu haben. Eine andere Aussicht …«, sie blieb stecken, und ehe sie den Satz beenden konnte, sagte Francesca schon: »Perspektive! Keine dreifache Punktzahl für dich.«

»Ich wollte Landschaft sagen«, erklärte Emmie lachend.

»Nee, nee, zu langsam. Und da fährt Pete zur Arbeit.« Francesca winkte. »Er hat wieder Tagschicht. Hoffentlich kommen sie heute Abend zum Scrabbeln.« Ein Mal im Monat spielten die Nachbarn zusammen Scrabble.

»Gut, dann wollen wir mal. Es ist nur eine halbe Stunde von hier entfernt, aber wir wissen ja, dass die guten Sachen immer früh weg sind. Aiden ist auf dem Weg zu uns«, sagte Francesca, drehte sich um und ging schnell zurück zum Haus. Die Jagd begann.

»Wer hätte gedacht, dass sich hier ein so hübsches Städtchen versteckt«, sagte Francesca, als Van-essa langsam die stille Hauptstraße entlangtuckerte. »Da ist es.« Sie zeigte auf einen Laden an einer großen Kreuzung, über die Bahnschienen führten. Der Laden wirkte elegant. Eine Reihe quadratischer Buntglasfenster in Blau und Grün bildete den oberen Rand der großen, schwarz gerahmten Schaufenster. Ganz ähnliche Läden standen überall an der Straße leer.

Ganz anders als bei dem Ausverkauf von Victoria war alles in diesem Laden sehr liebevoll präsentiert. Leise Musik spielte, und hinter einem antiken Ladentisch, der über die ganze Breite des Geschäfts ging, saß eine alte Dame. Sie hatte weiße Haare, bis ungefähr vier Zentimeter über der Kopfhaut, wo es dann pechschwarz wurde. Ihr Lippenstift war knallpink. Neben ihr auf der Bank stand ein Schild mit der Aufschrift: »Originalladentisch zu verkaufen. Bitte fragen Sie nach Details.« Als Emmie das las, spürte sie ein Ziehen im Bauch.

Das Holz hatte einen goldenen Schimmer. Man würde dem Laden das Herz ausreißen, wenn man den Ladentisch wegnahm.

»Sieh dir das an«, sagte Emmie. Sie strich mit der Hand über den Tresen und zupfte Francesca am Ärmel. »Der wäre schön für deine

Werkstatt.« Sie dachte an die alte Tür, die Francesca als Zuschneidetisch diente.

Die alte Dame hatte mitgehört. »Das hier war einmal der Gemischtwarenladen. Hier wurde alles verkauft. Mehl, schaufelweise, Kleiderstoffe – die Elle hängt immer noch am Tresen –, sogar Gewehrpatronen. Der Ladentisch und die Schränke waren schon vom ersten Tag an hier.« Sie wies auf die Vorratsschränke hinter ihr. »Es wäre schade, wenn die Sachen auseinandergerissen würden.«

»Ja, das wäre sehr schade«, sagte Francesca leise. Emmie konnte sehen, wie es in ihrem Kopf ratterte. »Es gibt bestimmt nicht viele Leute, die alles unterbringen könnten, aber Sie haben recht. Auseinanderreißen wäre traurig.«

»Ich bin ganz zuversichtlich, dass die richtige Person kommen wird.« Die Dame lächelte und zeigte pinke Lippenstiftspuren auf den Zähnen. »Ich habe in diesem Laden gearbeitet, seit ich 1960 hierhergekommen bin. Am Ende der Woche drehe ich den Schlüssel zum letzten Mal in der Tür um.«

Emmie konnte sich nicht vorstellen, so lange an irgendeinem Ort zu sein.

»Oh, wie traurig«, sagte Francesca. »Was werden Sie mit der ganzen freien Zeit anfangen?«

»Ach, das ist überhaupt nicht traurig, meine Liebe«, sagte die alte Dame, ihre Augen strahlten. »Ich habe ein Wohnmobil gekauft und fahre rund um Australien.«

»Wow«, machte Francesca. »Reisen Sie allein?«

»Oh, auf jeden Fall«, sagte die Dame, »anders macht es keinen Spaß.« Ohne Luft zu holen fügte sie noch hinzu: »Der Tresen und die Schränke gefallen Ihnen doch, oder? Ich habe das seltsame Gefühl, dass die Sachen unbedingt mit zu Ihnen wollen.«

Emmie sah, wie Aiden die Augen verdrehte, kein Wunder. Es war typisch für Verkäufer, so was zu sagen.

»Sie sind wunderschön, aber ich weiß gar nicht, wohin damit.« Francesca lächelte traurig.

Emmie hatte sich gerade über ein altes Kamerastativ gebeugt, als sie eine bekannte Stimme hörte. »Francesca, wie geht es dir?«

Nicht zu fassen. Sie spähte um das Bücherregal herum und sah – Papp-Caroline. Emmie schlug Aiden auf den Arm und fuchtelte mit dem Finger in ihre Richtung.

»Was denn?«, meinte Aiden, der nichts mitgekriegt hatte.

»Hallo, Caroline, das ist ja eine Überraschung. Was führt dich in unseren Teil der Welt?«, fragte Francesca.

Emmie sah, wie groß Aidens Augen wurden, als ihm ein Licht aufging. Sie versuchte indessen festzustellen, was so anders an Caroline war. Dann begriff sie es. Sie war nicht so topgestylt wie sonst. Sie war immer noch Caroline, aber an ihren teuren Jeans klebte Matsch, und sie trug Arbeitsschuhe, die ziemlich neu aussahen.

»Ich bin auf dem Weg zu einem Projekt, an dem ich gerade arbeite«, erklärte Caroline und warf sich den blonden Pferdeschwanz mit einer Kopfbewegung über die Schulter. »Es geht um den Job, um den ich mich beworben habe, als wir euch besucht hatten. Ich bin heute noch mal hingefahren, um mir ein Bild davon zu machen, was dort getan werden muss.«

»Herzlichen Glückwunsch«, sagte Francesca. Sie entdeckte Emmie und Aiden und winkte sie heran. »Guckt mal, Leute, wen ich gefunden habe.«

Emmie spielte die Erstaunte. »Hey, Caroline«, sagte sie und versuchte zu lächeln, aber ihre Oberlippe war wohl irgendwie an den Schneidezähnen hängen geblieben.

»Hallo«, nuschelte Aiden.

»Hallo, Aiden, hallo, Hope, wie läuft's mit deinem Pony?«, fragte Caroline.

»Gut«, sagte Emmie und schob die Hände in die Taschen.

»Du hast dich also entschlossen, sie zu behalten?« Caroline klang erstaunt.

»Ja, auf jeden Fall.« Emmie lächelte. Sie hätte ihr vom Equidenpass erzählen können und dass sie jetzt den Namen der Stute wussten und ein kleines bisschen von ihrer Geschichte kannten, aber Emmie hielt sich zurück. Sie würde warten, bis sie mehr Antworten als Fragen hatte. Hoffentlich erwähnte Caroline die Sache mit dem Internat nicht. Emmie geriet ein bisschen in Panik.

Aber Francesca wechselte schnell das Thema und fragte: »Was genau machst du bei deiner neuen Arbeitsstelle?«

»Ein paar Stunden von hier liegt ein alter Landsitz, aus dem Investoren ein Boutique-Hotel machen. Ich manage die Renovierung und stelle das Personal ein. Die Investoren wissen, was sie wollen, ich muss also nur ihre Pläne befolgen. Sie wollen, dass sich die Geschichte der Region überall widerspiegelt. Es wird einen Gourmetshop geben, einen Bar-Bereich, Golfplatz und so weiter. Ich war auf dem Rückweg nach Sydney und bin zufällig hier vorbeigekommen. Also dachte ich mir, ich mache eine Pause und schau mal, ob es hier eventuell irgendwas Passendes gibt.«

»Nun, vielleicht hat es ja so sein sollen, dass du hier anhältst«, sagte Francesca. Sie zeigte auf den Ladentisch. »Wie gefallen dir Tresen und Schränke – für den Gourmetshop? Die wären fantastisch dafür.«

Caroline sagte nichts, sie sah den Ladentisch nur gedankenverloren an.

Schließlich meinte sie: »Das könnte funktionieren. Ich frage mich nur, wie lang er wohl ist.«

»Sechs Meter, würde ich sagen. Und normalerweise kann ich so was ganz gut schätzen«, sagte Francesca.

»Soll ich mal nach der Länge fragen?«, bot Aiden an. Aber die alte Dame hörte ganz ausgezeichnet. Sie hatte sich über eine Kiste gebeugt und sortierte Bücher. Ohne den Kopf zu heben, sagte sie: »Fünf Meter, fünfundsiebzig Zentimeter.« Dann schaute sie zu Emmie hoch und zwinkerte.

»Würde das passen?«, fragte Francesca Caroline. »Du würdest eine Unterstellmöglichkeit brauchen, bis alles bereit ist.«

»Platz genug ist da auf jeden Fall. Es gibt jede Menge alte Scheunen und Schuppen, wo die Sachen stehen könnten.« Caroline wirkte einen Moment lang unentschlossen, dann schien sie eine Entscheidung getroffen zu haben. »Glaubst du, wir können sie runterhandeln?«

Emmie lächelte. Das war Musik in Francescas Ohren. Nichts tat sie lieber als feilschen.

»Mal sehen«, sagte Francesca.

Die alte Dame schaute auf, als sie näher kamen. »Was gefunden?«

»Naja, wir sind nicht sicher.« Francesca lächelte. »Wir wüssten gern, was der Tresen und die Schränke kosten sollen.«

»Nun ja.« Die alte Dame stieg umständlich von ihrem Hocker und griff nach einem alten Schulheft. »Brian, das ist der Besitzer, hat mir da verschiedene Preise genannt. Dann wollen wir mal schauen … er hat sie aufgeschrieben.« Sie guckte ins Heft und sagte: »Wenn die Sachen getrennt verkauft werden, kostet der Tresen sechstausend, die Schränke viereinhalbtausend.«

Damit hatten Caroline und Francesca nicht gerechnet, sie wichen einen Schritt vom Tresen zurück, so als wäre der plötzlich viel zu kostbar zum Anfassen.

»Aber wenn Tresen und Schränke zusammen weggehen, möchte er tausend haben.«

Verblüfft sahen sich Caroline und Francesca an. »Entschuldigen Sie«, sagte Francesca. »Meinen Sie nicht zehntausend Dollar?«

»Nein, meine Liebe«, sagte die Dame und zeigte ihnen den Eintrag im Heft. »Hier sehen Sie es schwarz auf weiß, Brian hat es aufgeschrieben, das ist seine Handschrift. Wenn alles zusammen verkauft wird, sind es tausend Dollar.« Über die Brille hinweg sah sie ihre Kundinnen an und lächelte. »Ich bin nur eine kleine alte Frau, deshalb hat er mir alles aufgeschrieben. Damit ich nicht durcheinanderkomme, hat er gesagt. Ist doch gut so, finden Sie nicht?« Sie zwinkerte ihnen zu.

Francesca ging darauf ein. »Ja, ausgesprochen rücksichtsvoll von ihm. Wenn das so ist, dann nehmen wir alles, und es bleibt auch alles zusammen.«

»Sehen Sie? Hab ich das nicht gleich gesagt, als Sie reinkamen? Ich wusste, dass diese Sachen für Sie sind.« Die Dame lächelte, sie sah so listig aus wie ein Fuchs.

»Ja, so war es«, sagte Francesca. »Und ich nehme an, wir sollen dafür sorgen, dass alles so schnell wie möglich hier rauskommt?«

Die alte Dame nahm die Brille ab und putzte sie an ihrem Schal, dann sagte sie lächelnd: »Das wäre wohl das Beste, meine Liebe.«

»Okay, dann organisiere ich das mal.« Francesca holte das Handy aus der Tasche.

»Mein Junge, Rory, und seine Freunde sind Bauarbeiter«, sagte die alte Dame. »Die können heute Abend alles ausbauen, Sie müssen dann nur noch den Transport und die Abholung morgen organisieren.«

»Abgemacht«, sagte Francesca. »Zu wann soll ich die Leute bestellen?«

»Sagen wir mal … halb eins«, sagte die Dame. »Dann bleibt mir Zeit genug, um nach der Kirche hierherzukommen, und die Jungs können beim Aufladen helfen.«

Francesca wählte schon die Telefonnummer. »Hi, Nugget, entschuldige, dass ich dich an einem Sonnabend störe. Meinst du, du könntest morgen eine Fahrt für mich machen?« Francesca entfernte sich von den anderen, dann drehte sie sich zu Caroline um. »Wohin sollen sie liefern?«

»Zu einem Landsitz namens Victoria, ganz in der Nähe von Boondaloo«, sagte sie. »Ich schicke die Karte.«

Emmie hatte gesehen, wie Francesca zusammengezuckt war, als der Name fiel. Genau wie sie selber. Sie fragte Caroline: »Meinst du das riesige zweistöckige Sandsteinhaus mit dem Viereck aus weißen Scheunen?«

»Genau, das ist es«, sagte Caroline. »Woher kennst du es? Ach, natürlich, die Auktion?« Plötzlich kapierte sie es.

»Wo?«, fragte Aiden verwirrt.

»Da kommt Moxie her«, antwortete Emmie, die wieder einmal das Gefühl hatte, dass Caroline unerlaubt in ihren Bereich vorgedrungen war.

Francesca legte auf und sagte: »Na, was für ein Zufall. Das ist ja eine gewaltige Aufgabe, Caroline.«

Sie wirkte aufgekratzt, und Emmie wusste, dass ihr lauter kreative Ideen durchs Gehirn ratterten. Caroline hingegen sah aus, als wäre die ganze Aktion nichts Besonderes.

»Der Laden kommt in die Scheune, in der die Kutsche steht. Erinnerst du dich?«

»Ja, das ist perfekt«, antwortete Francesca in einem Ton, den sie sonst nur bei Kundenbesprechungen draufhatte.

»Ich habe meine Kreditkarten nicht dabei«, sagte Caroline. »Würden Sie mich vielleicht auch per Überweisung zahlen lassen?«, fragte sie die alte Dame.

»Nein, meine Liebe, tut mir leid, nur bar oder mit Karte«, antwortete die alte Dame und hockte sich wieder hinter den Tresen, als müsse sie den verteidigen.

Eine verlegene Pause entstand. Schließlich sprang Francesca ein: »Ich kann das mit meiner Geschäftskreditkarte zahlen und dir eine Rechnung schicken, wenn du möchtest?«

Emmie wünschte, Francesca würde sich irgendwie stoppen lassen. Irgendwas an der Sache fühlte sich nicht richtig an, aber jetzt war es zu spät. Hoffentlich lehnte Caroline ab, dann konnte es nicht kompliziert werden.

»Das wäre großartig, danke«, sagte Caroline, ohne zu zögern. Francesca reichte ihre Karte über den Tresen.

»So, ich muss mich auf den Weg machen«, sagte Caroline, sobald die Transaktion abgeschlossen war. Sie ging zur Tür. »Danke, Francesca. Ich melde mich, falls sich irgendwas ändern sollte.«

Emmie runzelte die Stirn. Warum sollte sich denn was ändern?

»Kein Problem«, antwortete Francesca. »So läuft das bei mir. Apropos, ich sollte lieber nicht vergessen, warum ich hier bin.« Sie steckte sich die Haare ganz oben auf dem Kopf fest. »Wir sehen uns noch ein bisschen um.«

Emmie schaute Caroline nach. In ihrer Arbeitskluft sah sie aus wie ein Kind, das sich verkleidet hatte. Die alte Dame sagte entzückt: »Sehen Sie, ich wusste, dass die Sachen zu Ihnen kommen würden.« Francesca wollte ihr die Illusion nicht nehmen und antwortete nur:

»Stimmt.« Dann rief sie nach Aiden, der sich eine Kiste mit alten Fotos anschauen sollte.

Emmie unterdrückte ein Gähnen und ging durch die Ladentür nach draußen. Sie brauchte frische Luft. Die Sonne schien warm in ihr Gesicht. Auf der anderen Straßenseite flatterten Plakate an einer riesigen öffentlichen Anschlagtafel in der Brise. Eines sah aus, als wären Pferde drauf. Emmie überquerte die Straße, um sich die Sache genauer anzusehen.

Auf dem Poster war eine Gruppe von Reitern mit verschiedenen Aufmachungen und Sätteln abgebildet: Einer saß in einem normalen Reitsattel, einer im Dressursattel und einer im Westernsattel. Eine Frau ritt sogar ohne Sattel. Alle Pferde standen entspannt und locker aufgereiht in einer Halle, vor ihnen ein Cowboy mit Hut. Er hatte die Arme vor der Brust verschränkt und lächelte freundlich und selbstbewusst in die Kamera. Der Mann ist vermutlich ein bisschen jünger als Dad, schätzte Emmie. Die Überschrift lautete: »Viertägiger Kurs, Nick Laurie Horsemanship, Workshop für jedermann. 30. Juli – 2. August. Ort der Veranstaltung: Reithalle Lithgow.« Unten auf der Seite stand: »Nick hat sich auf die Arbeit mit Jungpferden, Auffrischungslektionen und Pferden mit Verhaltensauffälligkeiten spezialisiert. Und er stärkt das Selbstvertrauen unsicherer Reiter.«

Emmie machte große Augen. Das war ja, als wäre das für sie hier aufgehängt worden. Nick Laurie, Nick Laurie, Nick Laurie. Sie sagte den Namen dreimal laut vor sich hin und versuchte ihn sich einzuprägen – und dann wünschte sie, sie hätte das nicht getan, denn sie sah, wie viel der Kurs kostete.

Kein Wunder eigentlich. Das war nun mal der Preis für Workshops und Reitstunden, sie hatte das nur vergessen. Früher war ja immer genug Geld für solche Dinge da gewesen, da hatte sie nicht drauf geachtet. Sofort ließ sie die Idee wieder fallen, mit Moxie bei diesem Workshop mitzumachen. Sie war jetzt auf sich gestellt.

»Was hat du gefunden?«, fragte Francesca. Aiden und sie standen plötzlich hinter Emmie.

»Nichts, ich guck nur«, sagte Emmie. »Und was ist mit dir?«

»Keine Möbel, aber ich hab eine tolle Sonnenbrille aus den Sechzigerjahren entdeckt.« Francesca lächelte und setzte eine übergroße Brille auf, die sie sofort in einen Filmstar aus alten Zeiten verwandelte. »Was sagt ihr dazu?«, fragte sie Emmie und Aiden.

»Perfekt.« Emmie lächelte, denn das stimmte.

»Dunkel ist sie auf jeden Fall, da drinnen konnte ich überhaupt nichts sehen!« Francesca lachte. »Was wollt ihr beiden jetzt machen? Irgendwo was essen? Vielleicht können wir ja an deinen Moxie-Fragen arbeiten. Alles okay? Du bist nicht zu müde?«

»Dieser Workshop ist an deinem Geburtstag.« Aiden zeigte auf das Plakat.

Emmie warf einen Blick drauf und tat so, als wäre sie nicht besonders interessiert. »Wieso kannst du dir meinen Geburtstag merken? Deinen weiß ich nicht.«

»Erster August«, antwortete Aiden lachend. »Der Pferdegeburtstag. Kinderleicht.«

Emmie wollte unbedingt das Thema wechseln, deshalb schaute sie auf die Uhr und sagte: »Gut, lasst uns essen gehen.«

»Ja, ich bin am Verhungern«, stimmte Aiden zu, worauf Emmie und ihre Mutter wie aus einem Munde sagten: »Das ist ja was ganz Neues.«

Sie zogen los, aber vorher warf Emmie noch einen letzten Blick auf das Plakat – und seufzte.

13. Kapitel

Francesca stellte zwei Tassen Tee auf den Küchentisch. »Hast du deine Fragenliste?«

»Ja.« Emmie warf Holz aufs Feuer. Sie war nervös wegen des Anrufs bei J. S. O'Brien. Was, wenn die sich nicht an Moxie erinnern konnten? Oder schlimmer noch, was, wenn Moxie ein Problem hatte?

Sie stellte das Telefon auf Lautsprecher und schob es mitten auf den Tisch. Francesca wählte die Nummer. »Atmen, Emmie«, sagte sie freundlich. »Vielleicht gehen die gar nicht ran.«

Wäre das gut oder schlecht? Emmie wusste es nicht. Plötzlich sagte eine klare, freundliche Frauenstimme: »Hallo, hier ist Sarah.«

Emmie und Francesca sahen einander an, die eine wartete darauf, dass die andere zuerst etwas sagte. Das Schweigen dauerte so lange, dass Sarah »Hallo?« rief – und Francesca den Anfang machte.

»Hi, Sarah, hier spricht Francesca. Ich bin nicht sicher, ob Sie uns weiterhelfen können. Wir haben vor Kurzem ein Pony namens Moxie gekauft. Wir glauben, dass sie eine Zeitlang bei Ihnen in Beritt gewesen ist, wir haben nämlich Hinweise darauf gefunden, dass sie von einer J. S. O'Brien auf Turnieren geritten worden ist.«

»Oh, das ist meine Schwester Jo«, sagte Sarah. »Bleiben Sie dran, ihre Reitstunde ist gerade zu Ende. Ich frag mal, ob sie jetzt telefonieren kann.«

Sie hörten Stimmengemurmel und dann schließlich: »Hallo, hier ist Jo.«

Francesca wiederholte ihre Einleitung noch mal, und als sie aufhörte zu reden, sagte Jo: »Ja, wir hatten Moxie zirka drei Jahre bei uns. Wir haben sie eingeritten, und dann bin ich für ihren Besitzer Mr. French Turniere geritten.«

»Oh, toll, es tut uns leid, dass wir Ihre Zeit in Anspruch nehmen müssen«, sagte Francesca. »Aber meine Tochter und ich haben sie halb verhungert auf einer Farmauktion gekauft, direkt vom Paddock. Sie war in einem ziemlich schlechten Zustand, und wir möchten gern mehr über sie herausfinden.«

»Ach, du meine Güte, arme Moxie! Okay, gut.« Jo klang geschockt. »Hören Sie, meine nächste Reitstunde fängt gleich an. Für heute ist es die letzte. Kann ich Sie in ungefähr einer Stunde unter dieser Nummer zurückrufen? Wäre das in Ordnung?«

»Das wäre ganz wunderbar«, sagte Francesca.

»Prima, dann rufe ich später an.« Sie hörten, wie Jo schon vorm Auflegen Anweisungen rief.

Emmie war enttäuscht. Sie legte ihre Liste mit Fragen platt auf den Tisch.

»Guck nicht so traurig«, sagte Francesca. »Sie erinnert sich an sie, und sie ruft uns zurück. Damit bleibt dir genug Zeit, Moxie zu füttern, und ich kann das Essen für die Scrabbler heute Abend vorbereiten.«

Genau eine Stunde und sieben Minuten später klingelte das Telefon endlich.

»Sorry, vorhin konnte ich nicht reden«, sagte Jo. »Also, ihr habt Moxie? Seid ihr sicher, dass sie es ist?«

»Ja«, sagte Francesca. »Wir haben ihre Papiere, und alles passt mit den Fotos auf eurer Website zusammen.«

»Gut, okay, wo fangen wir an?« Emmie hörte, wie Jo tief Luft holte. »Moxie hat einem älteren Mann gehört. Er hieß James French. Er hat sie uns zum Einreiten und Beritt gegeben, er war nämlich zu gebrechlich zum Reiten. Aber er hatte sie gekauft, weil er mit Pferden in Kontakt bleiben wollte. Er brauchte jemanden, der sie auf Turnieren vorstellte. Ihre erste und die zweite Saison hab ich das übernommen, aber dann, kurz nach den ersten L-Prüfungen, hatte sie eine Sehnenscheidenverletzung am Vorderbein, links, glaube ich. Das weiß ich nicht mehr. Die Empfehlung war, sie mindestens sechs, besser aber zwölf Monate zu schonen. Das wäre okay gewesen, aber leider ist James gestorben, und seine Witwe hatte kein Interesse daran, Moxie zu behalten. Zu der Zeit konnte sie nicht als Reitpferd verkauft werden, deshalb wollte die Witwe sie als Zuchtstute anbieten, aber das funktionierte nicht. Sie wollte kein Weidegeld bezahlen, also hat sie sie mitgenommen und sie auf eine Farm gebracht. Sie dachte wohl, wir würden dann nach zwölf Monaten schon sehen, ob sie wieder gesund ist. Das war das Letzte, was wir gehört haben. Und danach haben wir Moxie aus den Augen verloren. Scheint so, als ob sie die ganze Zeit auf dieser Farm gewesen ist, die arme Kleine. Hoffentlich erholt sie sich wieder.«

Emmie hatte mitgehört, so angestrengt, dass es einen Augenblick dauerte, bis sie merkte, dass Jo aufgehört hatte zu reden.

»Wie hat sie sich reiten lassen?«, fragte Emmie.

»Ich würde sagen, ziemlich leicht«, sagte Jo. »Junge Pferde sind immer ein bisschen heikel, aber sie hat die Arbeit von Anfang an geliebt. Und als sie die ersten Prüfungen gehen durfte, war sie wirklich stabil und zuverlässig. Sie hatte einen Drang nach vorn, und gelegentlich konnte sie auch ein bisschen hitzig werden, wenn sie verwirrt war, aber nichts Schlimmes, nur ein bisschen stur. Gebuckelt oder gestiegen ist sie nie – und auch sonst hatte sie nichts Böses in sich. Sie hat sich auf den Hänger verladen lassen, hat nicht gescheut und war wirklich ein tolles Pferd. Wir mochten James unheimlich gern, und es tat uns leid, dass Moxie gehen musste. Wir haben auch angeboten, auf das Weidegeld zu verzichten, aber ehrlich gesagt glaube ich inzwischen, Mrs. French wollte sie so weit wie möglich wegbringen, damit sie sie vergessen konnte. Zu viele Erinnerungen.«

»War sie okay auf dem Hänger?«, fragte Emmie. »Und hatte sie andere Probleme, abgesehen von ihrem Bein?«

»Verladen und Transport liefen immer problemlos«, sagte Jo. »Und nein, abgesehen vom Bein fehlte ihr nichts. Und wir sind viel mit ihr rumgefahren in der zweiten Saison, überall in New South Wales und Victoria. Ich wünschte, mit allen jungen Pferden würde es so stressfrei laufen. Aber wenn sie einfach nur im Paddock gestanden hat, kann man nicht wissen, wie sie jetzt drauf ist, die Arme. Sorry, aber ich muss Schluss machen«, sagte Jo. »Ist noch was? Unsere Mailadresse findest du auf der Website, wenn du noch andere Fragen hast.«

»Nur noch eine letzte«, sagte Emmie. »Glauben Sie, dass eine zwölfjährige Reiterin mit ihr zurechtkommt?«

»Das hängt von der Reiterin ab«, sagte Jo. »Wie ich schon sagte, damals hatte sie keine Flausen im Kopf, aber ich weiß nicht, wie es jetzt ist. Sie wird von vorn anfangen müssen. Klopf sie von uns, okay? Und viel Glück mit ihr.«

Damit legte Jo auf.

Emmie saß da und fühlte sich seltsam ernüchtert. Worauf hatte sie gehofft? Auf eine Verletzung, die Moxie auf Dauer belasten würde, ganz bestimmt nicht.

»Also, da hast du ja viel zu verarbeiten.« Francesca stand auf und brachte die Tassen zur Spüle. »Aber das meiste war doch gut, findest du nicht?«

Emmie zuckte die Achseln und faltete ihre Fragenliste zusammen. »Glaub schon. Wenigstens hat sie nicht gesagt, dass Moxie total verrückt ist und buckelt wie ein Rodeohengst.«

»Genau«, sagte Francesca. »Klang doch so, als ob sie wirklich lieb ist. Wir lassen ihre Beine noch mal von Selena untersuchen, und dann sehen wir weiter.«

»Ja«, sagte Emmie. Dieses angeblich so unkomplizierte, talentierte Pony sollte dasselbe sein, das sie kaum vom Stall in den Hof kriegte, ohne herumgeschubst zu werden? Das wollte ihr nicht in den Kopf. Ich bin total überfordert, dachte sie wieder und bekam ein dumpfes Gefühl im Bauch. *Und ich stehe – wenigstens was andere Pferdeprofis angeht – ganz allein da.*

»Wir sind heute zum Mittagessen in einem neuen Café gewesen«, sagte Francesca, als sie die Tassen vom Tisch räumte und Connie das Scrabblespiel wieder in den Karton packte. »Ich weiß aber nicht, wie oft wir am Eingang vorbeigefahren sind, ehe wir es endlich gefunden haben.«

»Ein Bach floss genau vor der Eingangstür vorbei«, ergänzte Emmie vom Wohnzimmer her. Da lag sie mit Joshy auf dem Sofa und guckte fern – ohne Ton. Aiden döste im Sessel.

»Wir warten lieber, bis Joshy schwimmen kann, ehe wir dahin gehen.« Pete lachte, doch aus dem Lachen wurde ein Gähnen. »Das heißt dann wohl, dass ich Joshy nach Hause und ins Bett bringe.« Er streckte sich, als er vom Tisch aufstand. »Komm, Aido, du auch, mein Junge. Es ist spät.«

»Ich helfe Francesca noch beim Aufräumen«, sagte Doddsy. »Ich auch«, trällerte Connie.

»Nein, kommt nicht infrage«, sagte Francesca. »Das können Emmie und ich machen.«

»Nein, wirklich, ich helfe«, sagte Doddsy und gab Joshy und dem schläfrigen Aiden einen Gutenachtkuss.

»Meine Güte, ist der schwer geworden«, sagte Pete, der Joshy nach draußen schleppte. »Gute Nacht, alle miteinander.«

»Nacht!«, antworteten sie im Chor. »Du gehst auch, Doddsy«, sagte Francesca.

»Lass mich wenigstens den Tisch abräumen«, sagte Doddsy und stapelte das Geschirr auf der schmalen Arbeitsfläche. »Und dann wasche ich ab oder ich trockne ab. So sind die Regeln, oder? Der Koch wäscht nicht ab.«

»Nein, ich glaube, das stimmt nicht«, scherzte Emmie, die immer noch auf dem Sofa lag. Eigentlich müsste sie jetzt aufstehen und ins Bett gehen, aber sie konnte sich nicht aufraffen.

Irgendwo piepte ein Handy. »Wessen Telefon ist das?«, fragte Francesca, die im Kreis durch die Küche lief. »Hast du mein Handy gesehen, Emmie?«

»Ich glaube, es liegt auf dem Kühlschrank«, sagte Emmie. Francesca fand ihr Handy und las die Nachricht. Auf einmal wurde sie ganz still.

»Was ist denn?«, fragte Emmie besorgt.

»Nicht so wichtig, du musst dir keine Sorgen machen.« Francesca legte das Handy wieder auf den Kühlschrank. »Carolines Pläne haben sich geändert, sie braucht die Schränke und den Ladentisch nicht mehr.«

»Wie bitte? Was hat es denn in den letzten fünf Stunden für Veränderungen gegeben?«, fragte Emmie wütend. Sie hatte gewusst, dass so was passieren würde. Und sie wusste auch, was das für die Kreditkarte ihrer Mum bedeutete. Jetzt hatte sie Schulden.

»Was ist passiert?«, fragte Connie, die die Spannung im Raum wahrgenommen hatte.

»Ich habe den Kaufpreis für Ladenschränke und einen Tresen ausgelegt. Für Stevens Frau. Wir haben sie heute bei einem Ausverkauf getroffen. Aber eben hat sie geschrieben, dass sie die Sachen nicht mehr braucht«, erklärte Francesca angespannt. »Ist schon okay«, sagte sie, als die anderen sie besorgt anschauten. »Ich verkaufe das schon, aber es könnte eine Weile dauern. Das Problem ist eher, dass ich zwei Männer bestellt habe, die die Möbel morgen abholen – und ich weiß nicht, wohin damit.«

»Aber natürlich weißt du das«, sagte Percy. »Stell sie einfach in die Apfelscheune. Da können sie rückwärts ranfahren und ausladen.«

»Oh, Percy, bist du ganz sicher? Ich sorge auch dafür, dass alles so schnell wie möglich wieder da rauskommt«, sagte Francesca erleichtert.

»Keine Eile«, sagte Percy. »So viel Platz brauchen wir ja schon lange nicht mehr.«

Wieder piepte Francescas Handy. Sie lächelte angestrengt, ehe sie die Nachricht las. »Sie bringt dir deine Pferdeausrüstung Montag vorbei, Emmie. Wir liegen an ihrer Strecke.« Dann legte sie das Handy mit dem Display nach unten auf die Arbeitsplatte und fragte: »Wer möchte denn noch eine Tasse Tee?«

Als Percy, Connie und Doddsy nach Hause gingen, breitete sich Stille in dem kleinen Haus aus. Emmie schaute den dreien nach. Sie wartete, bis sie die Haustür erreicht hatten, dann winkten sie einander zu, ehe sie die Außenbeleuchtung abschalteten. Emmie wandte sich vom Fenster ab. Sie wollte zu Bett gehen, aber da hörte sie den Buschkauz rufen. Das ist früh, dachte sie, und weil sie ein komisches Gefühl hatte, schnappte sie sich Mantel und Stirnlampe und schlüpfte zur Tür hinaus, um nach Moxie zu schauen.

Kein brauner Kopf guckte über die Tür. Und als das Licht in den Stall schien, schnappte Emmie vor Schreck nach Luft. Moxie stand ganz hinten im Stall. Sie schwitzte, warf den Kopf hin und her, biss sich in den Bauch und scharrte mit den Hufen.

Kolik. Sie brauchten den Tierarzt. Emmie drehte sich um und rannte wieder rein zu Francesca, die sich im Badezimmer die Zähne putzte.

»Mum, Selena muss kommen. Moxie ist krank, ich glaube, sie hat eine Kolik.«

Francesca griff schon nach dem Handy, als sie sich den Mund aus-spülte.

»Hi, Selena, hier ist Francesca. Tut mir leid, Sie so spät zu stören, aber Moxie ist krank. Emmie war gerade bei ihr. Sie können mit ihr sprechen.« Francesca reichte Emmie das Handy.

Emmie wartete nicht auf Fragen, sondern legte gleich los: »Hi, Se-lena, sie ist verschwitzt, tritt und beißt sich in den Bauch, scharrt mit den Hufen und reckt sich wie eine Katze.«

Sie hörte eine Weile zu, legte dann auf und gab Francesca das Tele-fon zurück. »Sie ist schon unterwegs«, sagte sie und war schon wieder zur Tür hinaus.

Emmie nahm der Stute die Decke ab, die durchnässt war. Sie warf sie über die Stalltür. Als Moxie wieder anfing mit den Hufen zu schar-ren, trat sie einen Schritt zurück und beobachtete sie mit Adleraugen. Die Stute durfte sich nicht wälzen, sie musste aufpassen.

»Oh, armes Mädchen«, sagte Francesca, als sie die verstörte Stute in der Ecke stehen sah. »Können wir irgendwas für sie tun?«

Emmie schüttelte den Kopf. »Nur auf den Tierarzt warten.«

Es waren nur Minuten vergangen, aber es kam ihnen vor, als hätten sie Stunden gewartet. Immer wieder, wenn etwas wehtat, reckte Moxie den Hals, so weit sie konnte. Und wenn der Krampf vorüber war, schüttelte sie den Kopf.

»Die Decke ist klatschnass«, sagte Francesca. »Ich guck mal nach, ob ich was anderes finde.« Sie verschwand in der Werkstatt.

Emmie fühlte sich hilflos. Wenn sie doch nur irgendwas tun könnte! Selena hatte gesagt, sie solle sie nicht führen, bis sie da war, es sei denn, Moxie würde versuchen sich zu wälzen. Die kleine Stute scharrte gerade wieder mit den Hufen, als Scheinwerferlicht die Auffahrt erleuchtete. Endlich. Emmie hatte die Stalltür schon geöffnet, bevor Selena überhaupt aus dem Auto gestiegen war. Die Tierärztin hatte eine helle, batteriebetriebene Lampe mitgebracht, die sie über die Stallwand hängte.

»Hallo, du Kleine«, sagte sie und ging auf Moxie zu. »Dir geht's nicht so gut, was?« Selena drückte Moxie das Stethoskop auf den Bauch, hörte sie an verschiedenen Stellen ab und prüfte dann ihren Herzschlag. Immer wieder drehte Moxie den Kopf zum Bauch hin. Selena maß ihre Temperatur, dann wandte sie sich an Emmie und Francesca. »Wie lange ist sie schon krank?«

»Das weiß ich nicht«, sagte Emmie. »Es ging ihr gut, als ich sie reingeholt habe. Das war so um fünf. Sie hat ganz normal ihr Heu gefressen, und dann hab ich sie so vorgefunden und dich sofort angerufen.«

»Du sagst, du hast sie reingeholt. Wo war sie denn?«, fragte Selena.

»Nebenan, sie war bei den Nachbarn draußen auf dem Paddock. Warum?«, fragte Emmie.

»Es ist eine Kolik«, sagte Selena. »Ich versuche nur herauszufinden, was für eine Art Kolik. Sie hat heute also Zugang zu anderem Gras gehabt?«

»Sie war da schon ein paarmal«, sagte Emmie. »Allerdings nie so lange.« Schuldgefühle nagten an ihr.

»Es wäre möglich, dass es Frost gegeben hat, dann ist das Gras zuckerhaltiger. Die Menge wäre es nicht gewesen. Oder es könnte irgendwas anderes gewesen sein – und wir werden nie erfahren, warum es passiert ist.« Selena ging noch mal zum Auto. »Ich gebe ihr ein Schmerzmittel, etwas Entzündungshemmendes und ein leichtes Beruhigungsmittel. Dann sehen wir mal, ob das was nützt. Ein Glück, dass du nach ihr geschaut und mich gleich angerufen hast. Oft warten die Leute zu lange, bevor sie Hilfe holen.«

Moxie zuckte nicht mal, als Selena ihr die Spritzen gab. Sie traten ein Stück zurück, beobachteten sie und warteten. Langsam beruhigte sich die kleine Stute. Schließlich senkte sie den Kopf und schien zu dösen.

»Du musst sie im Auge behalten und darauf achten, ob die Symptome wieder auftauchen, wenn das Schmerzmittel aufhört zu wirken«, sagte Selena. Sie prüfte Moxies Herzschlag noch mal. Dann schaute sie sich im Stall um und bemerkte: »Sie hat geäppelt, das ist schon mal gut.«

»Wir wollten Sie sowieso rufen und Sie bitten, sich eine alte Sehnenverletzung anzuschauen«, sagte Francesca. »Aber wir hätten nicht gedacht, dass das so bald sein würde.«

»Was stimmt denn nicht mit der Sehne?«, fragte Selena.

»Wir haben mit ihrer alten Bereiterin gesprochen. Sie sagt, Moxie habe sich vor ein paar Jahren an einem der Vorderbeine die Sehnenscheide verletzt«, erklärte Francesca. »So kam es, dass sie auf den Paddock gestellt und vergessen worden ist.«

Selena hockte sich hin und konzentrierte sich. Sie ließ die Hände an den Vorderbeinen der Stute hoch- und runtergleiten. Dann richtete sie sich wieder auf und sagte: »Ich kann weder eine Schwellung noch eine Ansammlung von Flüssigkeit ertasten, es scheint alles in Ordnung zu sein. Was haben Sie gesagt, wie lange ist das her?«

»Ein paar Jahre«, antwortete Emmie.

»Dann würde ich dazu raten, dass ihre Beine noch mal ganz sorgfältig untersucht werden, sobald sie wieder gesund ist. Wenn sie einfach so da steht, kann ich nichts Problematisches fühlen«, sagte Selena. »Aber erst mal lassen wir dich diese Hürde nehmen, nicht wahr, Moxie?« Sie streichelte der Stute den Kopf.

»Es ist schon besser, Gewissheit zu haben, findest du nicht auch, Emmie?«, fragte Francesca.

»Vermutlich«, sagte Emmie, die an die Kosten dachte.

Selena drehte sich um, denn ihr Telefon klingelte. Sie ging ran, hörte eine Weile zu, und dann sagte sie: »Okay, ich komme sofort.«

Als sie in ihr Auto stieg, mahnte sie noch: »Behaltet sie im Auge, wenigstens für die nächsten paar Stunden. Ruft an, wenn es ihr wieder schlechter geht – und lasst mich wissen, wann ich kommen soll, um ihre Beine gründlich zu untersuchen.« Dann winkte sie flüchtig, und weg war sie.

Emmie fuhr mit der Hand über Moxies Fell, das vom getrockneten Schweiß klebrig war. Sie nahm eine von den gewaschenen alten Decken, die Moxie getragen hatte, als sie bei ihnen angekommen war, und legte sie dem Pony über den Rücken.

»Na, wenn wir noch ein paar Stunden wach bleiben müssen, kann ich auch ein bisschen in der Werkstatt arbeiten«, sagte Francesca. »Was ist mit dir, Emmie? Du siehst fertig aus. Übertreib es nicht. Ich kann auf sie aufpassen.«

»Ich leg mich hier aufs Sofa«, sagte Emmie und gähnte. »Kannst du drauf achten, dass ich aufwache und nach ihr sehe?«

»Hier.« Francesca reichte ihr das Handy. »Stell dir den Timer, das ist sicherer. Und die hier wirst du brauchen.« Aus der Werkstatttür warf sie Wolldecken aufs Sofa.

Emmie nahm das Handy. Gähnend streckte sie sich auf dem Sofa aus und wickelte sich in die Decken. Plötzlich erinnerte sie sich wieder daran, wie sie und ihr Dad auf Klappstühlen vor Chets Stall gesessen hatten, als das Pony krank gewesen war.

Tränen stiegen ihr in die Augen. Es ärgerte sie, dass sie ihren Dad vermisste – den alten Dad. Sie wünschte, ihr Dad wäre bei ihr. Das denkst du nur, weil du so einen Schreck gekriegt hast, sagte sie sich. Aber das half nicht. Sie schlug die Decken zurück und ging langsam die Auffahrt hoch. Vielleicht konnte sie sich ja mit Sterngucken ablenken. Die Milchstraße schien immer größer zu werden, je länger sie nach oben schaute.

Sie zog Francescas Handy aus der Tasche, ging online und sah nach, wie spät es in Deutschland war. Dreizehn Uhr, Mittagszeit. Sie scrollte, bis sie die Nummer ihres Dads gefunden hatte, starrte sie an, ehe sie wählte.

Es klingelte und klingelte, bis sich irgendwann die Mailbox anschaltete. Emmie legte auf, sie wusste nicht, welche Nachricht sie hinterlassen sollte. Ohne zu überlegen, wählte sie die Nummer noch mal, lauschte dem Klingeln, und dann war er plötzlich da.

»Hallo?«, meldete er sich in einem scharfen Ton.

»Ich bin's, Dad«, sagte Emmie. »Bist du in Deutschland?« Plötzlich wusste sie nichts mehr zu sagen.

»Ja, bin ich. Ich bin bei der Arbeit.« Er machte eine Pause und fragte dann: »Ist was passiert?«

»Nein«, sagte Emmie verlegen.

»Hast du deine Meinung geändert? Gehst du aufs Internat?«

»Nein«, sagte Emmie noch mal. Tränen stiegen ihr in die Augen. Warum konnte er nicht einfach was Normales fragen, warum fragte er nicht einfach: Wie geht's dir?

»Nun, wenn das so ist und kein Notfall vorliegt … ich arbeite. Ich rufe dich bald an.« Er legte auf.

Emmie stand da und schaute das Telefon an. Langsam atmete sie ein und aus, dann steckte sie es in die Tasche.

»Was machst du hier draußen?«, fragte Francesca, die plötzlich hinter ihr aufgetaucht war und sich über das Tor lehnte.

»Ich guck mir die Sterne an.« Emmie wischte sich die Augen. »Und du?«

»Ich hab dich gesucht.« Francesca lächelte im Dunkeln. »Und jetzt gucke ich mir die Sterne an.«

Sie standen eine Weile da, und ab und zu entdeckten sie eine Sternschnuppe.

»So viele Wünsche, die in Erfüllung gehen«, sagte Francesca leise, als wieder eine Sternschnuppe über den Himmel schoss.

»Unter den Sternen kann man gut Gespräche führen, findest du nicht?« Sie schaute noch immer himmelwärts.

»Stimmt wohl«, sagte Emmie, die sich fragte, wohin das jetzt führen sollte.

»Also, wenn du über dieses Angebot von deinem Dad reden willst, aufs Internat zu gehen und ein neues Pony zu kriegen, könnten wir das hier draußen tun«, sagte Francesca sanft.

»Dazu habe ich was zu sagen«, sagte Emmie, »aber ein Gespräch brauche ich nicht.«

Francesca schaute sie nicht an. »Was willst du sagen?«

»Dass ich bereits eine Schule habe. Ich habe ein Zuhause und ich habe ein Deutsches Reitpony – und nichts davon muss ersetzt werden. Das ist alles, was ich dazu zu sagen habe.« Hinter ihnen ertönte ein leises Wiehern, und der Buschkauz rief.

»Klingt so, als ob Moxie was von dir will«, sagte Francesca.

Ganz im Gegensatz zu meinem Dad, dachte Emmie und ging zum Stall.

14. Kapitel

»Du hast mir aber einen Schrecken eingejagt, Moxie«, sagte Emmie, als sie der Stute das Halfter anlegte. Es war, als hätte das Pony nie eine Kolik gehabt. »Wenn Papp-Caroline heute mit meinen Sachen kommt, ist hoffentlich auch ein altes Halfter dabei. Dieses hier ist nicht mehr zu retten. Und hoffentlich kann ich höflich bleiben«, fügte sie noch hinzu. Sie war so wütend, weil Caroline ihre Mutter auf dem Ladentisch und den Schränken sitzengelassen hatte. Vielleicht gab es ja Gründe dafür, aber sie hatte sich nicht mal entschuldigt.

»Du musst ein bisschen in Schuss gebracht werden«, sagte Emmie, die versuchte, das Halfter auch ohne Nasenriemen zu befestigen. »Und sag jetzt nicht, dass du davon nichts wissen willst. Du kannst dich nämlich benehmen. Ich habe die Fotos gesehen und mit Jo geredet.« Emmie rieb Moxies Kopf. An den kahl gescheuerten Stellen wuchsen die Haare nach. Das freute sie.

Ein großer Wagen bremste. Emmie schaute auf und sah, dass der Möbelwagen mit den Schränken und dem Ladentisch vorgefahren war. Noch ehe der Motor ausgestellt war, tauchte Percy an seinem Gatter auf und winkte den Lastwagen heran. Er ging voraus und zeigte den Möbelleuten den Weg. Francesca kam aus der Haustür und folgte ihnen.

Emmie zögerte. Sollte sie warten, bis der Lastwagen wieder weg war, ehe sie Moxie auf Percys kleinen Hof führte? Sie dachte an alles,

146

was Jo ihr erzählt hatte, wie lieb Moxie war und wie leicht im Umgang, und sie kam zu dem Schluss, dass sie das Problem zu lösen hatte, nicht Moxie. Nach dem Kolik-Schrecken letzte Nacht würde sie das Pony nicht lange draußen lassen. Alles würde gut gehen. Sie stieß die Stalltür weit auf und hielt so selbstbewusst und ruhig, wie sie nur konnte, auf den Paddock zu.

Mit möglichst wenig Zug am Halfter ging sie los. Schnell, damit das Pony nicht zu langsam laufen musste. Das schien zu funktionieren. Emmie konnte den Paddock schon sehen, und Moxie war entspannt und ging gut mit.

Aber dann startete der Lastwagenmotor hinter den Bäumen und wurde laut. Moxie, die den Wagen nicht sehen konnte, blieb stehen und weigerte sich, auch nur einen Schritt weiter zu gehen. Sie riss die Augen auf, sodass das Weiße zu sehen war, und sah sich suchend nach der Lärmquelle um. Emmie fluchte leise. Sie versuchte genauso weiterzugehen wie vorher, doch Moxie wollte nicht mit. Als Emmie schließlich frustriert am Halfter zog, stieg das Pony. Emmie stürzte und landete auf den Händen. Moxie donnerte zurück auf die Erde, wirbelte herum und galoppierte die Straße hoch. Der Führstrick schlackerte ihr um die Beine, sie war nicht mehr zu halten.

Emmie rappelte sich gerade hoch, als Francesca schon bei ihr war. »Mir ist nichts passiert«, versicherte sie, obwohl sie ziemlich erschüttert war. Sie drehte sich um und rannte in die Richtung, in die Moxie davongeprescht war. Ihr Herz klopfte. Moxie war ausgerechnet Richtung Straße gelaufen. Warum hatte sie nicht einfach in die Plantage rennen können?

Vom Ende der Straße her hörte Emmie eine Lastwagenhupe, dann Gebrüll. Darauf folgte Hufgetrappel. Moxie galoppierte wieder auf sie zu. Hinter ihr kletterte Rob aus seinem Lastwagen. Er musste Moxie erschreckt haben, als er in die Straße eingebogen war, und hatte sie von der Kreuzung weg gescheucht. Emmie beeilte sich, den Weg frei zu machen, als die Stute in Panik wieder auf sie zurannte. Das Pony hatte den Paddock in der Apfelplantage gesehen und hielt darauf zu. Heftig schnaubend galoppierte sie an ihnen vorbei, der Führstrick peitschte hinter ihr her. Lieber Gott, dachte Emmie, bitte mach, dass sich ihre Beine nicht darin verfangen. *Sie darf nicht stürzen.* Moxie preschte auf das halb offene Plantagengatter zu. Percy versuchte, es aufzustoßen, konnte aber nicht schnell genug beiseite springen. Moxie streifte ihn in voller Fahrt, sodass er gegen den Pfosten gestoßen wurde.

Emmie schrie auf, und Rob brüllte, als Percy zu Boden ging. Rob und Francesca liefen zu ihm, aber der alte Mann beteuerte, ihm sei nichts passiert.

»Ich glaube, wir sollten dich vorsichtshalber zur Untersuchung ins Krankenhaus bringen«, sagte Francesca erschüttert.

»Mir geht es bestens«, beharrte Percy. »Neulich im Supermarkt bin ich viel schlimmer gestürzt«, versuchte er den Vorfall abzutun.

»So, Percy«, sagte Rob. »Ich begleite dich jetzt bis zum Haus.«

Emmie bemerkte, dass Percy sich die Handknöchel aufgeschrammt hatte und ein bisschen humpelte.

»Das tut mir so leid, Percy«, sagte Emmie weinend. Sie war entsetzt, dass ihr Pony ausgerechnet Percy verletzt hatte. Moxie ist außer Kontrolle, dachte Emmie, und das ist nur meine Schuld.

Sie drehte sich um und sah Moxie durch den Paddock rennen. So wie das Pony gerade drauf war, würde sie es nicht einfangen können. Aber das Halfter musste runter. Und dann trat Moxie vor ihren Augen auf den Führstrick, der Nasenriemen riss durch, und alles fiel zu Boden.

Bitte, betete Emmie, mach, dass sie nicht durch den Zaun bricht und sich verletzt.

Zum Glück legte sich Moxies Panik allmählich. Gelegentlich fuhr das Pony noch herum und scheute vor was auch immer, aber im Wesentlichen wirkte es so, als würde es aus reiner Lebensfreude rennen. Langsam beruhigte es sich, bis es schließlich den Kopf senkte und anfing, sich für das lange Gras zu interessieren. Schweiß glänzte auf Moxies Hals.

Emmie kletterte durchs Gatter und sammelte das Halfter vom Boden auf. Ob sich das irgendwie wieder zusammenflicken ließ?

»Ich würde sie jetzt eine Weile in Ruhe lassen«, sagte Rob, der wieder zu ihnen gestoßen war. »Sie haut nur wieder ab, wenn du versuchst, sie jetzt einzufangen, aufgeregt wie sie ist.«

»Kann ich jetzt losfahren?«, rief Nugget von der Scheune rüber. Dort hatte er den Möbelwagen geparkt, solange Moxie frei rumgelaufen war.

»Sorry, Nugget. Danke!« Francesca winkte, als Nugget den Motor anließ und losfuhr.

»Ist mit Percy alles in Ordnung?«, erkundigte sich Emmie. Sie wischte sich die Nase am Ärmel ab.

»Er sagt, es geht ihm gut.« Rob klopfte ihr auf die Schulter. »Connie will sicherheitshalber mit ihm beim Arzt vorbeischauen. Percy will nicht mit, aber ich wette, Connie setzt sich durch.« Rob lächelte.

»Bin ich froh, dass du im rechten Moment gekommen bist, Rob«, sagte Francesca. »Das hätte in einer Katastrophe enden können.«

»Das war wirklich knapp«, antwortete Rob. »Sie hat den Lastwagen nur um eine Handbreit verfehlt.«

»Und Percy hätte viel schlimmer stürzen können. Was ist eigentlich passiert, Emmie?«, fragte Francesca mit Sorgenfalten auf der Stirn.

»Das weiß ich nicht genau«, sagte Emmie. »In letzter Zeit ist es immer schwieriger geworden, sie zu führen, aber heute konnte ich sie einfach nicht mehr halten. Als sie gestiegen ist, wäre sie beinahe hintenüber gefallen. Dabei hätte sie sich den Kopf verletzen können.«

»Ich glaube, wir müssen mal mit Selena reden und vielleicht auch Jo eine Mail schicken«, sagte Francesca.

Emmie hatte keine Vorschläge zu machen, sie wusste auch nicht, was Selena oder Jo ausrichten könnten. Sie sah Moxie besorgt an. Wie sollte sie die Stute bloß vom Paddock wieder in den Stall kriegen? Sie durfte nicht zu lange draußen bleiben, damit sie nicht wieder eine Kolik bekam. Sie war noch nicht oft auf der kleinen Grünfläche gewesen.

»Was führt dich zu uns, Rob?«, fragte Francesca.

»Ich hab den Sessel meiner Mutter mitgebracht – und Stoff, aber ich kann später noch mal wiederkommen, wenn's jetzt nicht passt«, sagte er, als er sah, wie besorgt Emmie und Francesca waren.

Francesca hatte sich als Erste wieder erholt. »Nein, nur zu, hol die Sachen«, sagte sie. »Bring alles ins Haus. In der Werkstatt ist es ziemlich eng, also steht der Sessel im Haus besser. Dort kannst du mir alles erklären.« Francesca wandte sich an Emmie. »Moxie ist hier erst mal gut aufgehoben, Emmie. Wir schauen nach Percy und kümmern uns später um sie.«

Zögernd drehte Emmie sich um. Sie konnte das Bild von Percy am Boden nicht aus dem Kopf bekommen. Auf dem Weg zurück zum Haus fuhren Percy und Connie im Auto an ihnen vorbei. Connie saß am Steuer.

»Hab ich's nicht gesagt? Connie setzt sich durch.« Rob grinste.

»Soll ich den Kessel aufsetzen?«, fragte Emmie. Rob und Francesca holten Stoffstücke aus dem Sack, den Rob mitgebracht hatte, und brei-

150

teten sie auf dem Küchentisch aus. An jedem Stück war ein Umschlag festgesteckt, auf dem stand, woher der Stoff kam und was es mit ihm auf sich hatte.

»Nein danke, ich möchte nichts«, sagte Rob.

»Ja bitte, ich brauche was«, sagte Francesca, die sich gleich wieder Rob widmete.

»Hier ist alles Mögliche«, sagte er. »Bei manchen Stoffen kann ich gar nicht fassen, dass Mum sie aufbewahrt hat. Andere haben überraschenderweise einen Erinnerungswert. Warum sie diesen hier aufbewahrt hat, verstehe ich aber«, sagte er und zog ein verschossenes blaues Arbeitshemd aus dem Haufen. »Das war das Arbeitshemd von meinem Dad.« Er drehte es um, damit sie sehen konnte, dass der Name Muddy vorne draufgestickt war. »Er hieß Murray, aber alle haben ihn Muddy genannt. Dies«, fuhr er fort und zog einen verblassten Rosenstoff aus dem Sack, »ist ein Stück Küchengardine aus ihrem ersten Haus. Das hier ist Stoff von der Schuluniform meiner Schwester. Mum kann all dieses Zeug nicht mitnehmen, aber ich dachte, vielleicht können wir ja irgendwas davon für den Sessel nutzen. Allerdings ist das bestimmt sehr viel Arbeit dafür, dass ich nur das Pony ein Stück auf dem Wagen mitgenommen habe«, sagte Rob, der plötzlich unsicher wirkte. »Ich will gern dafür bezahlen.«

»Echt, Rob, ich mach das gern. Und es war ja nicht nur der Transport, sondern auch das Heu und der Stall«, sagte Francesca. Sie begann, die Stoffstücke hin und her zu schieben und verschiedene Muster und Farben zusammenzulegen. Dann trat sie einen Schritt zurück und begutachtete alles – mit leicht gerunzelter Stirn. »Wenn ich den Sessel damit beziehe, kann deine Mum darauf sitzen, aber die einzelnen Teile wird sie nicht sehen können. Wie wäre es denn, wenn ich einen Quilt daraus mache? Könntest du dir das vorstellen?«, fragte

Francesca. Rob lachte. »Das haben wir vorgeschlagen, aber Mum war strikt dagegen. Sie sagt, damit würde sie sich vorkommen wie eine alte Frau. Übrigens, sie ist vierundneunzig.«

»Verstehe.« Francesca lächelte. »Überlass das mir.«

Emmie stellte die Teekanne auf den Tisch. »Geht's dir jetzt wieder besser?«, fragte Rob sie.

»Ja, danke.«

»Klingt aber nicht so«, sagte er sanft.

»Es wird immer schlimmer«, sagte Emmie. »Moxies schlechtes Benehmen, meine ich, und ich weiß einfach nicht, wie ich das ändern kann.«

»Ich habe gehört, dass da so ein Mann nach Lithgow kommt und einen Workshop für Pferde macht«, sagte Rob. »Ich frage mal nach, wie er heißt. Er soll gut sein.«

»Nick Laurie«, sagte Emmie. »Ich hab ein Plakat an der Anschlagtafel gesehen«, erklärte sie der erstaunt dreinblickenden Francesca.

»Sah das interessant aus?«, fragte Francesca.

»Für uns nicht, glaube ich«, sagte Emmie, die das Gespräch abwürgen wollte, ehe sie auf die Kosten zu sprechen kamen.

»Gut«, sagte Rob. »Na, ich mach mich mal auf den Weg. Gibst du mir Bescheid wegen des Sessels, Francesca?«

»Keine Bange, der wird schön. Ich sorge dafür, dass er perfekt zu deiner Mum passt.«

Sie lächelte.

»Ich vertraue dir.« Er winkte, als er zur Tür hinausging. Aber er war nur ein paar Minuten weg, dann stand er wieder vor der Haustür mit einem alten roten Halfter in der Hand. »Hier, das brauchst du vielleicht«, sagte er. »Soll ich sie vielleicht für dich zurück in den Stall führen, Emm?«

Am liebsten hätte Emmie Ja gesagt, aber dann wäre sie das Gefühl nicht losgeworden, total zu versagen.

»Ich schaff das schon, danke.«

»Okay.« Er winkte und verschwand.

15. Kapitel

»Das liest sich ganz gut so, finde ich. Es sei denn, du willst noch ein bisschen mehr im Staub rumkriechen«, sagte Aiden von seinem Platz an Emmies winzigem Schreibtisch.

»Nee, fragen ist schon schlimm genug, rumkriechen werde ich auf keinen Fall«, sagte Emmie. Sie las die Mail noch mal durch, in der sie ihren Dad gefragt hatte, ob er den Workshop bei Nick Laurie bezahlen würde.

Lieber Dad,
in Lithgow findet ein Horsemanship-Workshop statt, zu dem ich
gern mit Moxie (dem Pony) gehen würde. Ich dachte, vielleicht
möchtest du mir das Seminar ja zum Geburtstag und zu Weih-
nachten schenken? Ich glaube, das wäre eine gute Hilfe für mich,
da ich ja so lange nichts mehr mit Pferden zu tun gehabt habe.
Und für Moxie wäre es auch gut.

Alles Liebe
Emmie

Es war Aidens Idee gewesen, Steven zu bitten, für den Workshop zu zahlen. Als Nachwirkung von Percys Sturz hatte Emmie ihm nämlich gestanden, wie sehr sie sich wünschte, bei dem Workshop mitzumachen. Und sie hatte ihm erklärt, dass der Besuch des Seminars für sie zu teuer war.

»Bitte doch deinen Vater, dir zu helfen, so als kombiniertes Geburtstags- und Weihnachtsgeschenk«, hatte Aiden vorgeschlagen, und Emmie fand, das klang absolut vernünftig.

Emmie hatte nicht die ganze Geschichte noch mal durchkauen wollen, warum sie geschworen hatte, so was niemals zu tun, sie hatte bloß gesagt: »Er findet, dass Moxie nicht das richtige Pferd für mich ist.«

»Aber das ist kein guter Grund, nicht zu helfen. Kann doch nicht schaden, mal zu fragen, oder?«, hatte Aiden gesagt.

Emmie verkniff sich, die Wahrheit zu sagen. So was würde ihren Stolz verletzen. Und mit seiner Antwort würde ihr Vater ihr wahrscheinlich ziemlich wehtun.

Während Aiden den Brief las, wurde Emmie klar, dass sie das nicht einfach machen konnte. Trotz der Sache mit dem Möbelwagen, trotz Percys Sturz und allem anderen – und obwohl sie wusste, dass sie unbedingt Hilfe brauchte … sie konnte Steven nicht darum bitten.

Einen Moment lang legte sie den Kopf in die Hände. Das Bild von Moxies Bauch, als sie gestiegen war, kam ihr wieder in den Sinn.

Dann ein Ton, das Mailprogramm verschickte eine Nachricht, sie riss den Kopf hoch. »Das war doch hoffentlich eine Test-Mail?«

»Öh, nein«, sagte Aiden.

Emmie schnappte nach Luft. »Aiden, was hast du gemacht? Ich schicke diese Mail nicht ab!«

»Doch, Emmie, tust du. Du hast es gerade getan«, sagte er trotzig.

Emmie war wütend auf ihn. »Aiden, das durftest du nicht, das geht dich nichts an.« Sie hatte die Augen weit aufgerissen. »Nicht alle sind so wie dein Vater.«

»Ist mir klar, und er ist auch nicht perfekt, aber ich hab hier so an deinem Computer gesessen und deine Pferdebilder angeschaut, und auf allen ist dein altes Pferd zu sehen. Jede Sekunde taucht ein Bild von dir und deinem Dad und dem Pferd auf – und auf allen Bildern lächelst du. Also, sei nicht so stur wie er. Was weißt du denn? Vielleicht hat er ja das Gefühl, deine Mum hätte seinen Pferdeplatz eingenommen. Wetten, daran hast du nie gedacht?«

Dann nahm er seine Kamera vom Bett und wollte gehen. »Wenn er Ja sagt, kannst du dich bei mir bedanken. Wenn er Nein sagt, ist das keine Überraschung für dich. Aber wer nichts wagt, der nicht gewinnt, Emm.« Da war dieser Spruch wieder. Er machte die Tür hinter sich zu.

Emmie ließ sich wieder aufs Bett fallen. Aiden hatte ja keine Ahnung, wie sehr jedes dieser Neins schmerzte. Und dass es keine Überraschung war, half auch nicht.

Es klopfte an der Tür, Francesca machte sie nur einen Spalt weit auf. »Ich gehe in die Scheune und sehe mir den Tresen und die Schränke genauer an. Willst du mit? Du könntest frische Luft schnappen und Moxie reinholen. Vergiss nicht, Selena kommt und macht den Ultraschall.« Sie lächelte.

»Klar«, sagte Emmie, die immer noch sauer war, dass Aiden die Mail abgeschickt hatte.

Sie konnten Moxie am hinteren Ende des Paddocks grasen sehen. Die Stute hob den Kopf, als sie sich näherten, und trottete auf das Gatter zu. Hoffentlich kann ich ihr Robs Halfter anlegen, dachte Emmie.

»Mittlerweile sieht sie richtig gut aus, findest du nicht?«, meinte Emmie. Ihr war aufgefallen, dass der Hals fülliger geworden war und oben einen schönen Schwung bekam.

»Ja, stimmt. So langsam kommt das Pony von den Fotos zum Vorschein. Also, nun erzähl mir mal was über diesen Nick Laurie«, sagte Francesca, während sie die Scheune betraten. Damit hatte Emmie nicht gerechnet.

»Viel weiß ich nicht«, sagte sie. »Nur das, was ich auf dem Plakat gelesen habe. Und ich weiß, dass es zu teuer ist.«

»Mach dir jetzt keine Sorgen um das Geld, Emmie. Wir reden ja nur drüber, und das kostet nichts. Was hast du online noch rausfinden können? Komm, erzähl's mir.« Francesca klappte die ersten Schranktüren auf.

»Er hat sich auf Jungpferde und Problempferde spezialisiert. Und die Leute sagen viel Gutes über ihn. Er bildet Pferde für Filmaufnahmen aus, und er hat Profireitern mit ihren Pferden geholfen, Rennpferden und Freizeitreitern. Und er ist teuer«, betonte Emmi. Das wird dieses Gespräch hoffentlich beenden, dachte sie.

»Wie teuer denn?«, fragte Francesca.

»So teuer«, sagte Emmie, »dass ich Dad gemailt habe, um zu fragen, ob er das bezahlen würde.« Emmie sah ihrer Mutter ins Gesicht und versuchte ihre Reaktion abzulesen.

»Eigentlich war das keine Absicht«, versuchte sie zu erklären. »Ich hatte die Mail getippt, und dann hat Aiden sie sich angesehen und einfach abgeschickt. Als ich's gemerkt habe, war's schon zu spät.«

»Das könnte es schwieriger machen, die Pferde und deinen Dad getrennt zu halten. Ich sag ja nicht, dass du das tun solltest, aber du hast dich da sehr deutlich ausgedrückt. Wenn er bezahlen würde, kämst du bestimmt leichter zu diesem Kurs«, sagte Francesca nachdenklich. »Aber das muss okay für dich sein.«

»Für mich hätte ich nicht darum gebeten«, sagte Emmie ehrlich. »Und ich bin wütend auf Aiden, weil er die Nachricht abgeschickt hat, aber wenn Dad durch irgendein Wunder Ja sagt ...« Emmie hielt inne und zuckte mit den Schultern. »Moxie braucht das. Ich weiß nicht, was ich machen soll, wenn sie durchgeht. Ich hab das Gefühl, sie fragt mich nach Lösungen, aber ich weiß nicht, welche das sind und was ich tun muss.« Emmie konnte ihren Frust nicht verbergen.

Francesca legte ihr den Arm um die Schultern. »Mir musst du das nicht erklären«, sagte sie. »Nun, ich schlage vor, wir warten erst mal ab und sehen dann weiter.« Sie widmete sich wieder den Schränken.

»Die sind wirklich schön, oder?« Francesca sah die hellen Schränke und den alten Tresen, der mitten in der Scheune stand, versonnen an.

»Das wäre ein toller Arbeitstisch für dich, Mum. Wie die alte Dame gesagt hat. Das ins Holz eingearbeitete Maßband ist noch da, und deine Stoffe könnten in den Schränken liegen. Die Werkstatt würde so schön aussehen.«

»Ja, das würde sie wirklich. Schluss mit der alten Tür. Das Maßband ist aber bloß Dekoration, das ist noch in Zoll.« Francesca lächelte. »Wie schön das gebaut ist«, seufzte sie und fuhr mit der Hand über den glatten Tresen. »Doch meine Kreditkarte abzuzahlen ist mir wichtiger«, sagte sie. »Trotzdem, ich werde alles ausmessen und drüber nachdenken. Schließlich sind die Sachen nicht ohne Grund bei uns gelandet. Da hatte die alte Dame wohl recht.« Francesca lächelte. »Und träumen darf man ja.«

Sie zückte das Handy und machte eine Menge Fotos. Dann holte sie das Maßband aus der Tasche und ließ sich von Emmie beim Ausmessen helfen. »Ich muss sichergehen, dass es auch passt, bevor ich mich zu was hinreißen lasse«, sagte sie. Aber Emmie konnte sehen, wie aufgeregt sie war.

»Gut«, sagte Francesca schließlich. »Das hätten wir. Jetzt wollen wir mal sehen, ob wir unserer Moxie Robs Halfter anlegen können und es schaffen, sie ganz ruhig in den Stall zurückzubringen.«

Moxie stand am Gatter, ganz entspannt, sie guckte milde. »Sie sieht aus, als ob ihr das Gerenne gutgetan hätte«, sagte Emmie. »Ist das so, Mox?«, fragte sie und rieb ihr den Kopf, ehe sie das Halfter anlegte und es im letzten Loch festschnallte. Es passte.

»Seid ihr bereit?«, fragte Francesca. »Ich mache das Gatter auf.« Sie tat so, als wären sie beim Rodeo und Moxie ein buckelnder Bulle.

»Bereit wie sonst was«, sagte Emmie. Sie merkte, wie die Angst in ihr aufstieg, aber sie hätte sich keine Sorgen zu machen brauchen. Diese Moxie war ein völlig anderes Pony als das vom Morgen. Als sie langsam den Pfad entlanggingen, überlegte Emmie, ob es überhaupt nötig war, sich an ihren Dad zu wenden. Aber dann erinnerte sie sich daran, dass sie immer noch ein Pony hatte, das seit zwei Jahren nicht mehr geritten worden war. Sie wusste genau, dass Moxies gutes Benehmen nichts mit ihr zu tun hatte. Und wenn Moxie sich aufspielte, würde sie immer noch nicht wissen, was sie machen musste. Im Stillen hoffte sie also, dass ihr Dad sich melden würde. Aber Aiden werde ich nicht so bald verzeihen, dachte sie, als sie dem Pony im Stall das Halfter wieder abnahm.

»Guck mal.« Francesca hielt ein Foto der Schränke an die Wand, an der sie stehen könnten. »Und der Ladentisch passt hier hin. Das wäre sehr schön, oder?«, sagte sie mehr zu sich selbst als zu Emmie. »Egal, es ist noch jede Menge Zeit, darüber nachzudenken.«

»Selena kommt«, sagte Emmie, die ein Auto vorfahren sah.

»Hallo, alle miteinander«, rief Selena, sie kam über den Rasen auf sie zu. »Holst du sie mir mal raus, Emmie?«, bat sie. »Ohne Decke, wir müssen sie ein bisschen traben lassen. Und erzähl mir mal, was du über die Verletzung weißt.«

Emmie zog die Decke mit einem Rutsch von Moxies Rücken und führte sie raus in den Sonnenschein. Sie stellte sie vor Selena hin und erzählte ihr das Wenige, das ihr über Moxies Verletzung und ihre Geschichte bekannt war.

Selena strich mit den Händen an Moxies Beinen entlang und untersuchte das linke Vorderbein besonders genau. »Die Sache ist die, wenn sie getobt hat und dann auf einen großen Paddock gelassen worden ist, könnte sie rumgaloppiert sein und die Verletzung verschlimmert haben.« Sie sah, wie besorgt Emmie war, und sagte: »Im Moment kann ich an ihren Beinen nichts ertasten, und wenn es nur die Sehnenscheide war und nicht die Sehne selbst, dann ist die Wahrscheinlichkeit groß, dass alles verheilt ist. Aber lass sie mal traben, dann gucken wir, wie das aussieht. Kannst du bis zur Straße mit ihr rennen, sie dann wenden und im Trab zurück hierher?«

Emmie konnte gar nicht mehr mitzählen, wie oft sie mit dem Pony über den Rasen gelaufen war. Dann wollte Selena, dass sie Moxie an der Longe traben ließ. Moxie tänzelte und buckelte. Als Emmie allmählich gestresst war, rief Selena ihr zu: »Keine Sorge, Emmie, das reicht schon!« Ein letztes Mal fuhr die Tierärztin mit den Händen an Moxies Beinen entlang, dann stand sie auf, lächelte und sagte: »Ich glaube, du kannst loslegen. Ich würde dir raten, dicken Sand noch eine Zeitlang zu meiden. Und führe sie eine Weile, bevor du sie reitest, um sie aufzuwärmen. Und wenn du irgendwelche Sorgen hast und meinst, dass sie ungleichmäßig läuft oder Schmerzen hat, können wir noch mal nachsehen.« Selena klopfte Moxie den Hals. »Nicht zu fassen, wie gut sie aussieht. Ist sonst noch was?«, fragte sie und guckte von Emmie zu Francesca.

»Erzähl Selena doch vom Scheuen«, sagte Francesca zu Emmie.

»Scheut sie mehr als normal?«, fragte Selena.

»Naja, wir wissen gar nicht, wovor sie eigentlich scheut«, sagte Emmie. »Manchmal kann ich sie kaum halten, wenn ich sie führe.«

»Nun ja, sie hat sich erholt und sie hat nicht gearbeitet, außerdem sprießt schon frühes Frühlingsgras ... mehr ist es vielleicht gar nicht.«

»Sie ist nicht besonders viel draußen«, sagte Emmie. Sie hatte sich schon umgedreht und wollte Moxie zurück in den Stall bringen.

»Das könnte es auch sein«, sagte Selena. »Sie ist es gewohnt, draußen zu sein, es schwer zu haben. Jetzt fühlt sie sich toll, sie ist gut genährt und hat viel im Stall gestanden. Könnte sein, dass sie sich langweilt und zu viel Kraft hat.« Selena lächelte. »Bring sie doch öfter raus und guck mal, ob das hilft. Aber langsam anfangen, damit sie nicht noch eine Kolik bekommt. Abgesehen davon darf sie auch nicht zu fett werden.« Sie lachte. »Wer hätte vor ein paar Wochen gedacht, dass das unsere Sorge sein könnte?«

»Ich würde gern mit ihr zu Nick Lauries Workshop gehen«, sagte Emmie, als Selena schon auf dem Weg zum Auto war.

»Oh, über den habe ich viel Gutes gehört«, sagte Selena. »Und Arbeit ist bestimmt das Beste für sie. Das ist vielleicht die Lösung all unserer Probleme.« Sie startete das Auto und rief: »Viel Spaß, wenn du den Kurs machst. Erzähl mir, wie es läuft!« Dann winkte sie und fuhr weg.

»Wie spät ist es jetzt wohl in Deutschland?«, fragte Emmie. Sie schaute zu Moxie rüber, die ausgiebig aus ihrem Eimer trank.

»Also ... in Deutschland ist es acht Stunden früher als bei uns. Wahrscheinlich hörst du erst am späten Abend oder morgen früh von ihm, wenn er drüber nachdenken muss«, sagte Francesca.

»Okay«, sagte Emmie. »Dann beschäftige ich mich mal und überbrücke die Zeit.«

Francesca schaute sie besorgt an. »Du hast dunkle Ringe unter den Augen. Vielleicht solltest du lieber einen Mittagsschlaf auf dem Sofa machen.«

»Nein, alles in Ordnung«, sagte Emmie. In dem Moment trieb ihr ein großes Gähnen die Tränen in die Augen. Lachend sagte sie zu ihrer Mutter: »Na gut, vielleicht eine Stunde oder so.«

Emmie legte eine Platte auf, machte es sich auf der Couch gemütlich und zog sich eine Wolldecke über die Beine. Doch sie hörte nur die ersten Takte der Musik – und schon war sie eingeschlafen.

Lange nachdem die Platte abgelaufen war, wachte Emmie mit einem Ruck auf. Francesca rumorte in der Küche, sie bereitete das Abendessen zu.

Emmie klappte den Computer auf und sah noch mal nach ihren Mails.

Dabei erwischte Francesca sie. »Ein Kessel, den man anstarrt, kocht nie«, sagte sie. »Guck morgen noch mal.«

»Ich werde nicht schlafen können«, sagte Emmie und klappte den Computer heftiger zu, als sie beabsichtigt hatte.

»Doch, wirst du«, sagte Francesca. »Und die Antwort fällt trotzdem nicht anders aus. Egal, ob du es heute oder morgen erfährst.«

»Na gut«, sagte Emmie, rappelte sich vom Sofa hoch und ging in die Küche. Plötzlich war sie hungrig. »Aber wenn du heute Nacht den Buschkauz hörst, bittest du ihn dann, Dad zu sagen, dass er Ja sagen soll?«

»Ich bin mir nicht sicher, ob sein Einfluss bis nach Deutschland reicht«, sagte Francesca. »Aber klar, mach ich.«

»Danke, Mum«. Sie kletterte auf den Küchenhocker.

»Iss«, sagte Francesca. »Manchmal musst du einfach darauf vertrauen, dass alles so läuft, wie es laufen soll. Selbst wenn es sich gerade nicht so gut anfühlt.« Francesca lächelte sie lieb an.

»Ja, ich weiß«, sagte Emmie. Ihr war klar, dass das Francescas Art war, ihr zu sagen, sie solle nicht zu enttäuscht sein, wenn Steven nichts von sich hören ließ. Doch sie hätte sich keine Sorgen machen müssen, Emmies Erwartungen waren nicht allzu hoch.

16. Kapitel

Emmie strich Moxies Stirnfransen glatt und spürte die sanfte Rundung ihres Kopfes unter der Hand. Der Morgen brach gerade an, eine rosa Linie zog sich über die Berggipfel, und irgendwo in der Straße stimmten Elstern ein Morgenlied an.

»Klingen die Elstern nicht toll, Mox?«, fragte sie und beugte sich über das Pony, um den wunderbaren Pferdegeruch einzuatmen. Sie spürte, wie ihr die Tränen in die Augen stiegen, trat einen Schritt zurück und wischte sie mit dem Pulloverärmel ab. »Keine Sorge, Moxie«, schniefte sie, »wir finden schon eine Lösung. Im Internet finde ich bestimmt irgendwas, das mir verrät, was ich machen soll. Irgendwas. Ich weiß auch nicht, was. Aber irgendwas wird es schon geben.«

Moxie spitzte die Ohren. Emmie drehte sich um und sah Aiden über die Straße kommen. Schnell tauchte sie hinter Moxie ab, um sich an ihrer Decke zu schaffen zu machen. Aiden sollte nicht merken, dass sie geweint hatte.

»Morgen!« Aiden gab Moxie den Rest von seinem Apfel. Er guckte dem Pony beim Kauen zu und sagte, ohne aufzuschauen: »Wenn du im Morgengrauen im Stall mit deinem Pony redest und weinst, kann ich wohl vermuten, dass Shiny Nein gesagt hat, oder?«

»Mit Moxie rede ich, Aiden«, entgegnete Emmie. »Ich bin mir aber nicht sicher, ob ich mit dir rede.«

»Tut mir echt leid, Ess, das war nicht richtig von mir, das weiß ich. Kann ja sein, dass du dich besser fühlst, wenn ich dir sage, dass Mum mir meine Kamera weggenommen hat.«

Emmie schaute zu ihm rüber und wusste sofort, dass das stimmte. Ohne Kamera sah Aiden komisch aus.

»Für wie lange?«

»Bis du sagst, dass ich sie wiederkriegen kann.« Er grinste ein bisschen vor sich hin.

Obwohl sie das gar nicht wollte, lächelte Emmie. Typisch Doddsy, dachte sie.

Sie wechselte das Thema, denn sie wollte ihm keine konkrete Vorstellung davon geben, wann er seine geliebte Kamera zurückbekommen würde. »Und woher willst du wissen, dass ich rede und weine?«

»Ersatzkamera und Zoomobjektiv«, sagte Aido.

»Klar.« Emmie seufzte. »Und mit Dad liegst du richtig.« Negativ, abgelehnt, abgeschmettert. »Aber das überrascht mich nicht.«

»Hat dein Dad gesagt, warum er nicht will?«

»Er hat so was gesagt wie: ›Ich habe dir eine gute Lösung angeboten, die du abgelehnt hast. Deshalb bist du in dieser Angelegenheit auf dich allein gestellt.‹ Also, mal ehrlich, wer redet denn so?« Emmie streichelte Moxie den Hals. Hauptsächlich hatte sie geweint, weil sie so wütend gewesen war, dass sie gehofft hatte, seine Antwort könnte anders ausfallen.

»Tut mir leid, dass ich den Vorschlag gemacht habe«, sagte Aido. »Schien mir keine so große Sache zu sein.«

»Ist es auch nicht, Aido. Er hat einfach eine seiner blöden Entscheidungen darüber getroffen, was ich seiner Meinung nach tun soll. Emmie, hat er gesagt, ich will, dass du das machst – und ich hab Nein gesagt. Jetzt ist er fest entschlossen, sich durchzusetzen, und das zeigt er mir, indem er mir nicht hilft.« Sie strich sich die Haare aus dem Gesicht. »Aber ich kann genauso entschlossen sein wie er.«

»Guten Morgen, ihr Süßen!« Francesca stand im Bademantel auf der Veranda, ein Tablett mit Teekanne, Milch und Tassen in der Hand. »Wer möchte denn eine Tasse Tee?«

Heute Morgen sieht sie glücklich aus, dachte Emmie. Vielleicht aber nur im Vergleich zu mir.

»Morgen«, sagte Emmie. Hoffentlich hatte Francesca sie nicht über Steven reden gehört. »Tee klingt gut, danke.«

»Ja, für mich bitte auch«, antwortete Aiden gähnend.

»Und was ist mit dir, Moxie?«, fragte Francesca. Sie stellte das Tablett auf die Treppe, setzte sich daneben und schenkte ein.

»Sie teilt offenbar mit mir«, sagte Emmie, der Aiden eine Tasse gereicht hatte. Die neugierige Stute wollte sie gleich beschnuppern.

»Tee im Bett, Mox«, sagte Emmie. Sie brachte die Tasse in Sicherheit und pustete der Stute sanft in die Nase.

»Was für ein wunderschöner Morgen«, sagte Francesca. Sie nippte ihren Tee und schaute sich den Sonnenaufgang an.

»Du wirkst so glücklich heute Morgen, Mum«, sagte Emmie, bei der die Neugierde die Oberhand gewann. »Hast du den Buschkauz gehört oder so was?«

»Den Buschkauz habe ich nicht gehört, aber ich glaube, er hat trotzdem seinen Zauber wirken lassen. Ich bin wohl hauptsächlich so glücklich, weil ich heute Morgen eine Mail von Steven bekommen habe, in der er mir mitteilt, dass er unter keinen Umständen den Workshop für dich und Moxie bezahlt. Ich würde mich verantwortungslos verhalten, meint er. Hinzugefügt hat er noch, ›dass bei der Vorstellung, dieses Pony sei wieder in Ordnung zu bringen, meine hyperaktive Fantasie mit mir durchgegangen sein muss.‹ Offenbar ist das was Schlechtes.« Francesca guckte gespielt verwirrt. »Und mehr noch, er hofft, dass uns seine Ablehnung endlich wachrüttelt, wir aufhören, gutes Geld schlechtem hinterherzuwerfen und die Welt endlich so zu sehen, wie er es tut.« Francesca schien das mächtig zu amüsieren.

Ärgerlich sagte Emmie: »Mir hat er auch gemailt und Nein gesagt.« Wieder drohten Tränen. »Aber ich fand das nicht witzig. Ich hätte ihn nicht fragen sollen, ich hätte es besser wissen müssen. Egal, auch wenn er nicht zahlt, wir müssten sie ja auch noch dahin bringen und tausend andere Sachen besorgen, an die ich noch gar nicht gedacht habe«, sagte sie frustriert. »Einen Sattel zum Beispiel.«

»Naja, mir macht es überhaupt nichts aus, dass er nicht helfen will.« Francesca lächelte und zog das Handy aus der Tasche. »Und weil ich deinen Dad schon sehr lange kenne, war ich mir leider ziemlich sicher, dass er auf sein hohes Ross steigen und ablehnen würde. Wenn es nicht seine eigene Idee war, ändert er seine Meinung nie. Bevor ich zu Bett gegangen bin, habe ich also eine kleine Nachricht an meinen Freund, den Buschkauz und das nicht aufzuhaltende Universum geschickt – und die habe ich dann ein bisschen unterstützt ... Und dann ist das hier passiert.« Sie reichte Aiden das Handy und gab ihm zu verstehen, dass er es an Emmie weiterreichen sollte.

Auf dem Display sah Emmie eines der Fotos von Ladentisch und Schränken. »Ich komme nicht mit«, sagte sie, als sie darauf starrte.

»Scroll runter«, sagte Francesca.

Das Bild verschwand vom Display und Emmie las: »Zu verkaufen. Gegen höchstes Gebot. Sofort verfügbar.« Dann kamen eine Menge Angaben und Maße.

»Nein, Mum«, sagte Emmie. »Du wolltest mit den Sachen deine Werkstatt verschönern. Die alte Dame hat gesagt, sie seien für dich bestimmt.«

»Ja, das hat sie, Emmie, und sie hatte recht, weil das erste Angebot, das ich um Mitternacht bekommen habe, achttausend Dollar war.« Francesca klatschte vor Entzücken in die Hände. »Und kurz bevor ich mit dem Tee rausgekommen bin, habe ich alles an den Besitzer eines Ladens in Sydney verkauft, der meine Möbel vertreibt – für … seid ihr bereit?« Sie schaute in die erwartungsvollen Gesichter. »Elftausend Dollar!«

Francesca warf die Arme in die Luft und lachte.

»Aber, Mum. Nein«, sagte Emmie. »Ich will nicht, dass du das machst, du sollst die Sachen für deine Werkstatt haben.« Emmie war erstaunt, wie verstört sie war.

»Emmie, ich möchte viel lieber, dass du mit Moxie zu diesem Workshop gehst. Der Tresen steht dann doch nur in meiner Werkstatt und ist von oben bis unten mit Stoff bedeckt, sodass ihn nie irgendwer zu sehen kriegt. Außerdem hab ich dann immer noch einen Haufen Geld übrig.«

»Aber die alte Dame hat gesagt, er sei für dich bestimmt.« Emmie stiegen die Tränen in die Augen.

»Und recht hatte sie.« Francesca nickte. »Die Sachen waren für mich bestimmt – naja, für uns – und ich bin mir sicher: Das hier ist der Grund dafür. Du, mein Schatz, und die schöne Miss Moxie sollt an Nick Lauries Workshop teilnehmen, damit ihr euch auf den Weg machen könnt – wo auch immer ihr hinwollt.«

Nun ließ Emmie den Tränen freien Lauf. Über ihr Schluchzen hinweg hörte sie Francesca fragen: »Emm, du meine Güte, warum weinst du?«

Emmie wischte sich die Augen und streichelte Moxies Hals, um sich zu beruhigen. Dann brachte sie schließlich hervor: »Weil ich nicht kapiere, warum immer du es bist, die alles in Ordnung bringen muss. Und es tut mir leid wegen der Schränke.«

Francesca lächelte. »Naja, das muss dir nicht leidtun, vor allem, weil es mich so freut. Dir ginge es so viel besser, wenn du dich auch mal ein bisschen freuen würdest. Und dann schau doch mal im Internet, wie wir dir einen Platz bei dieser Sache buchen.«

»Wie sollen wir überhaupt da hinkommen?«, fragte Emmie, die sich nicht zu früh freuen wollte. »Und wie ist das mit dem Sattel?«

»Emmie«, rief Aiden aus, »das Universum hat eben elftausend Dollar für ein paar alte Schränke organisiert. Ich glaub, Transport und Sattel sind dann ein Klacks.«

»Genau«, sagte Francesca, sie stand auf. »Also, ich schlage vor, du machst deine Ponysachen hier fertig und dann kommst du rein und wir buchen. Frühstück, Aiden?«, fragte sie noch, ehe sie durch die Haustür verschwand.

»Ja, bitte«, sagte er und lief hinter ihr her. Emmie und Moxie blieben zurück.

Nur für einen Moment legte Emmie die Arme über Moxies Rücken. Sie stieß einen langen, zittrigen Atemzug aus und beruhigte sich. So langsam drang die Realität zu ihr durch.

»Also, Moxie«, sagte sie leise und kratzte der Stute an der Stelle den Rücken, an der die Mähne unter der Decke verschwand. »Ich glaube, nun werden wir endlich mal sehen, was du so drauf hast.« Seufzend fügte sie hinzu: »Und zweifellos werden wir das auch bei mir sehen.«

17. Kapitel

»Können wir sie über Nacht da einstellen, oder müssen wir sie jeden Tag wieder mit nach Hause nehmen?«, fragte Francesca. Sie hörte zu, dann nickte sie und zeigte Emmie einen nach oben gereckten Daumen.

»Okay, gut. Und brauchen wir einen eigenen Sattel? Gut, Nick nimmt lieber seine. Wir können bei Ihnen campen, wenn wir wollen? Toll. Also, das scheint alles kein großes Problem zu sein. Ja, wenn noch irgendwas ist, schicke ich eine SMS. Okay, schön, wir sehen uns Mittwochnachmittag, wenn wir Moxie bringen.«

»Alles geregelt, Emm.« Francesca legte das Handy auf den Tisch. »Moxie kann bleiben, und Nick benutzt seine eigene Ausrüstung – ich weiß nicht recht, ob der Buschkauz auch dafür gesorgt hat.« Sie lächelte. »Aber wie dem auch sei, alles erledigt. Wir können uns umschauen und dann entscheiden, ob wir da campen wollen.«

»Läuft's bei dir, Aiden?« Francesca schaute rüber zum Herd, wo Aiden sich um das Wenden der Pfannkuchen kümmerte.

»Alles gut«, sagte er, ohne den Blick von der Pfanne zu nehmen.

Emmie konnte das erste Prickeln von Aufregung spüren, abgesehen von einer wachsenden Nervosität. Mit welchen Tricks hatte sie ihre Nerven vor Dressurturnieren noch im Zaum gehalten? Sie konnte sich nicht erinnern. Wann hatte sie die das letzte Mal angewendet? Das war zwei Jahre her, wurde ihr klar.

»Hey«, sagte sie, »Moxie und ich haben fast gleich lang Pause gemacht – ich bin nicht geritten, und sie ist nicht geritten worden. Sie wurde zur selben Zeit in den Paddock gestellt, als wir hier eingezogen sind.«

Francesca lachte. »Ich hoffe, damit willst du nicht sagen, dass unser Umzug für dich so war, als wärest du in den Paddock gestellt und vernachlässigt worden. Und hättest nichts zu fressen gekriegt, dafür aber Läuse.« Sie zog die Augenbrauen hoch. »Doch ich vermute mal, dass Steven so denkt.«

Emmie lächelte. »So habe ich das nicht gemeint. Ich finde es echt gut hier. Aber wo wir gerade über Umzug reden … wie kriegen wir Moxie zu dem Kurs?«

Plötzlich wurde Francesca ganz still und sagte: »So, Mr. Buschkauz, jetzt machst du mir langsam Angst. Guckt mal, Kinder.« Sie zeigte aus dem Fenster.

Aiden riss den Blick vom Herd los, Emmie ging ans Fenster. »Ach du meine Güte«, sagte sie und schlug die Hand vor den Mund. Draußen vor dem Haus standen ihr Pferdehänger und Stevens Geländewagen. Sie hatte nicht mal daran gedacht, ihren Vater zu fragen, ob sie den Hänger benutzen durfte. Mit großen Augen drehte sie sich zu Francesca um. »Hast du das mit Dad klargemacht?«

»Nein, Schatz«, sagte Francesca.

Emmie drehte sich wieder zum Fenster um. Das Licht vom Auto ging aus, dann stieg Caroline aus dem Wagen, ging nach hinten zum Hänger und öffnete die Türhaken. Sie ließ die Rampe runterfahren und begann große Sporttaschen auszuladen. Emmie schnappte nach Luft, als sie ihre Ausrüstung wiedererkannte. Sie rannte zur Tür. Francesca, die noch nach ihren Gummistiefeln suchte, war direkt hinter ihr.

Emmie lief über das Gras, sie war aufgeregt. Dieser Hänger war wie der unerwartete Besuch eines alten Freundes. Der Strick, mit dem sie Chet früher am Hänger festgebunden hatte, hing immer noch knallblau an seinem Ring. Am liebsten hätte sie vor Aufregung in die Hände geklatscht, aber ein Blick auf Carolines absolut teilnahmsloses Gesicht brachte sie wieder auf den Boden zurück. Emmie war richtig froh, als sie merkte, dass Francesca ihr gefolgt war.

»Hallo, Hope«, sagte Caroline. »Ich war nicht sicher, ob du zu Hause bist. Ich hab den Rest deiner Pferdesachen gebracht. Hallo, Francesca.« Sie nickte, ihr Ton war kühl – sie entschuldigte sich nicht wegen der Ladenschränke und erwähnte sie nicht mal.

»Hi, Caroline. Das nenne ich gutes Timing«, sagte Francesca.

Caroline guckte verunsichert. »Ich wusste nicht genau, wann ich es schaffen würde herzukommen. Wenn ihr nicht da gewesen wärt, hätte ich alles auf die Hintertreppe gestellt.« Sie setzte die letzten Taschen auf dem Boden ab.

Irgendwie hatte sie was Gereiztes an sich, sie versuchte nicht mal, freundlich zu sein. Vielleicht war es ihr peinlich, dass sie vom Kauf der Schränke zurückgetreten war. Emmie beschloss, nicht weiter darüber nachzudenken. Caroline hatte den Hänger immerhin den weiten Weg hergefahren.

»Fantastisches Timing mit dem Hänger«, sagte Emmie, als sie die vertraute Rampe hochging, die Polsterung innen berührte und den Geruch nach Gummi, Pferd und Heu einatmete, den nur ein Hänger hat. »Am Ende der Woche besuche ich einen Workshop.«

»Ich lasse den Hänger nicht hier«, sagte Caroline. Ihre Eiseskälte klirrte in den Morgen.

»Warum hast du ihn dann mitgebracht?«, fragte Francesca. »Die Taschen hättest du auch ins Auto gekriegt.«

»Das dreckige Pferdezeug wollte ich nicht im Auto haben, und ich brauche den Hänger, weil ich Möbel zu transportieren habe«, sagte Caroline sachlich.

Emmie traute ihren Ohren nicht. Caroline hatte sich nicht bei Francesca entschuldigt, und jetzt redete sie auch noch von dem Hänger, als ob er ihr gehören würde. Plötzlich fiel Emmie auf, dass ihre anderen Stricke, die Eimer und ihre Glücksschleife weg waren. Das gab ihr einen Stich. Sie fühlte sich wie nach einer Ohrfeige. Der Hänger war das letzte Stück aus der alten Welt gewesen. Ohne zu überlegen, drehte sie sich zu Caroline um und sagte: »Aber das ist nicht dein Hänger, Caroline.«

Caroline sah Emmie an und sagte völlig ungerührt: »Nun, genau genommen ist er das. Es ist Stevens Hänger, und ich bin seine Frau, und deshalb gehört er mir.«

Emmie konnte es nicht fassen. Am liebsten hätte sie gesagt: »Aber ich bin seine Tochter und mit diesem Hänger hast du absolut nichts zu tun.« Stattdessen standen sie und Francesca nur erschüttert da und schwiegen.

Und dann, als ob sie das Ganze noch krönen wollte, sagte Caroline: »Euer alter Lieferwagen könnte ihn sowieso nicht ziehen.«

Plötzlich schien Francesca dreißig Zentimeter zu wachsen. Sie stellte sich aufrecht hin und war nun fast so groß wie Caroline, die trotzig auf der Rampe stand. »Aber klar geht das, Caroline, was für eine gute Idee. Wenn du Möbel transportieren musst, dann leih dir doch Van-essa, und wir leihen uns den Hänger.« Emmie wusste, dass Caroline sich darauf auf keinen Fall einlassen würde. In einem rostbraunen Lieferwagen würde sie sich niemals irgendwo blicken lassen.

Nur einen Herzschlag lang schwieg Caroline, dann sagte sie mit ausdrucksloser Miene: »Kommt gar nicht infrage. Emmie hat ihren

Standpunkt zu Stevens Angebot klargemacht, und er hat seine Meinung über das Pony ebenso deutlich gesagt. Ich unterstütze also seine Wünsche. Und diesen Hänger lasse ich ganz bestimmt nicht bei euch.«

Ganz so, als wäre damit das letzte Wort gesprochen, stieg Caroline von der Rampe und bückte sich, um die Heckklappe zu schließen. Mit einem Blick forderte sie Emmie auf, den Weg freizugeben, aber Emmie blieb stehen und guckte Caroline ganz ruhig an.

Caroline starrte zurück. Sie sagte kein Wort.

Emmie schaute auf den schönen Hänger und dachte an die vielen frühen Morgen zurück, an denen sie Chet darin festgebunden hatte. Sie waren mit ihrem Dad zu Turnieren gefahren und wieder nach Hause. Dann war Chets Mähne immer ganz lockig gewesen, weil sie den ganzen Tag über eingeflochten war. Wie stolz sie gewesen war, als sie ihren eigenen Hänger bekommen hatte. Emmie drehte sich zu Caroline um, stieg von der Rampe, lächelte und sagte ruhig: »Danke, dass du mir meine Ausrüstung vorbeigebracht hast, Caroline. Das ist sehr nützlich. Nett von dir.«

Doch wenn Emmie gedacht hatte, dass sie Caroline damit umstimmen könnte, war sie im Irrtum. Caroline knallte die Heckklappe zu und sagte: »Keine Sorge, es ist immer gut, altes Zeug rauszuschmeißen, und meine Pläne haben sich geändert. Ich mach die Arbeit in Victoria nicht weiter. Ich fliege nach Deutschland, um bei Steven zu sein. Für uns ist es schön, ein bisschen Zeit als Paar zu verbringen.«

Emmie spürte das mitschwingende »ohne dass ein Kind im Weg ist«.

»Und für dieses Zeug ist ohnehin kein Platz, wenn wir den Hänger verkaufen. Viel Spaß auf deinem Workshop.« Sie stieg ins Auto und startete den Motor. Und zum ersten Mal sah Emmie die echte Caroline, die sie schon immer hinter der Pappfassade vermutet hatte.

»Alles in Ordnung?«, fragte Francesca.

»Alles perfekt.« Emmie lächelte und lehnte sich ans Gatter.

Weder Emmie noch Francesca sagten ein Wort. Sie bewegten sich auch nicht. Sie beobachteten Caroline, die bis ans Ende der Straße gefahren war, wo sie versuchte, mit dem Hänger zu wenden. Aber dann wurde ihr wohl klar, dass der Platz dazu nicht reichte. Sie würde zurücksetzen müssen, um die Kurve zu kriegen. Nach sechs oder sieben Versuchen, bei denen der Hänger sich jedes Mal in die falsche Richtung gedreht hatte, fragte Francesca: »Meinst du, ich sollte ihr helfen?«

»Nee«, sagte Emmie. »Das ist ein tolles Training für all die Möbeltransporte, die sie machen muss. Wenn sie nach zwanzig Versuchen aber immer noch nicht so weit ist, gehe ich rein.«

Beim zwölften Versuch wurden sie abgelenkt. Robs Lastwagen bog in die Straße ein, genau in diesem Moment rief Aiden: »Wenn ihr Pfannkuchen wollt, kommt lieber gleich rein, oder ich esse sie alle auf!«

»Oh, verdammt!«, rief Francesca. »Rob ist da und will seinen Sessel sehen, Aiden hat Pfannkuchen gebacken, und ich habe mir noch nicht mal die Zähne geputzt.« Sie lachte.

Dann schnappte sie sich zwei der Sporttaschen und lief zum Haus, während Emmie dem Hänger weiter beim Rückwärtsfahren zusah.

Rob ging gemächlich aufs Tor zu. Mit einer Kopfbewegung wies er auf den Hänger, der sich beinahe mit Carolines Auto verkeilt hatte. »Braucht die Hilfe? Was meinst du? Vielleicht sollte ich mal hingehen, bevor sie richtig festsitzt.«

Emmie zögerte eine Sekunde, dann nickte sie. »Kann schon sein.«

»Gut«, sagte er und joggte Richtung Auto. »Sag deiner Mum, dass ich in ein paar Minuten bei ihr bin.«

Da Emmie wusste, wie froh Francesca über ein bisschen mehr Zeit sein würde, trällerte sie: »Klar doch, nur keine Eile.«

Dann nahm sie die restliche Ausrüstung und ging damit rüber zu Moxie. Auf dem Weg rief sie schon: »Guck mal, was ich hier habe, Mox.«

Als sie die Taschen am Stall abgeladen hatte, drehte sie sich noch ein letztes Mal um und sah, dass Caroline es geschafft hatte, den Hänger zu wenden, noch bevor Rob bei ihr war. Sie lauschte dem vertrauten Quietschen und Klappern, als der Hänger die Sackgasse entlanggrumpelte, wandte sich aber ab, ehe er die Kurve erreicht hatte. Sie sah nach vorn zu Moxie, nicht zurück auf die Vergangenheit, die gerade um die Ecke bog. Dann schlug sie einen fröhlichen Ton an und rief: »Komm, Rob, es gibt Pfannkuchen!«

Der Reißverschluss der ersten Tasche klemmte, doch es gelang Emmie, ihn so weit aufzumachen, dass sie den Inhalt rausholen konnte.

»Was ist das?«, fragte Aiden, als Emmie einen flachen Metallstreifen hochhielt, der an jeder Seite einen Griff hatte.

»Ein Schweißmesser, damit streicht man das Wasser aus dem Fell, wenn das Pferd nass ist«, erklärte Emmie. Sie hielt das Ding hoch. »Das war's mit dem Plastikdeckel, Moxie.« Über die Stalltür hinweg beobachtete die Stute sie mit nach vorn gerichteten Ohren. Emmie holte eine Schermaschine aus der Tasche, und plötzlich fiel ihr alles wieder ein. Sie hielt Moxie das Ding unter die Nase und sagte: »Die brauchst du.« Dann kamen Striegel, in denen noch Chets Haare steckten, Hufkratzer, Bürsten, Bandagen und ein alter Beutel mit Flechtsachen. In der nächsten Tasche fand sie ihre Satteldecken, Startnummern und Chets Registrierungsnummern. Ihr wurde ganz schwindelig. Als sie die letzte Tasche aufmachte, sah sie Chets Trense, an der immer noch ein Grashalm klebte.

Sie hielt die Trense hoch. »Was meinst du, Mox?«, fragte sie. »Wird die dir passen? Vielleicht möchtest du ja einen etwas mädchenhafteren Stirnriemen? Wenn du gut zu reiten bist, könnten wir starten.« Dann runzelte sie die Stirn. »Allerdings haben wir keinen Sattel. Aber der von Chet hätte dir sowieso nicht gepasst.« Wenigstens brauchte sie für den Kurs keinen eigenen Sattel. Darüber würde sie sich also danach erst Sorgen machen.

Sie hörten Rob und Francesca, die nun vom Haus rüberkamen. Francesca redete schnell und erklärte, was sie mit dem Sessel gemacht hatte. »Weil der Stoff aus kleinen Stücken bestand und einige wegen ihres Alters ziemlich zerschlissen waren, musste ich mir was ausdenken«, sagte sie. »Wenn ich den Stoff glatt drübergezogen hätte, wäre er schnell durchgescheuert, verstehst du – also, warum höre nicht einfach auf zu reden und zeige es dir? Wie wäre es damit?«

»Wow, Emm, das sind ja viele schöne Sachen«, sagte Rob. »Und ein schönes Pony.« Er streichelte Moxie. »Sie ist wirklich nicht wiederzuerkennen.«

Emmie lächelte ihn an.

»Oh, sorry«, sagte Rob, der sah, dass Francesca vor der Werkstatttür auf ihn wartete. Emmie und Aiden folgten ihm. Keiner hatte den fertigen Sessel bisher gesehen, Francesca hatte sehr geheimnisvoll getan.

Er stand mit einem alten weißen Laken bedeckt auf einem freigeräumten Platz unter dem Fenster. Als Francesca sicher war, dass sie die Aufmerksamkeit aller hatte, fragte sie: »Seid ihr bereit?«

»Glaub schon«, sagte Rob. Er wirkte nervös. Kein Wunder, dachte Emmie, schließlich hatte er Francesca eine Menge Erinnerungen anvertraut.

»Okay.« Francesca fing an zu zählen: »Eins, zwei, drei.« Dann zog sie das Laken runter. Emmie hörte Rob nach Luft schnappen. Aiden stieß einen Pfiff aus. Das war Francescas schönste Arbeit überhaupt, fand Emmie. Der Sessel war mit blauem Stoff bezogen, und aus den Stoffstücken von Robs Mum hatte sie wunderschöne Sterne in allen Größen gemacht. Winzige aus dem Küchengardinenstoff, einen großen Stern in der Mitte mit dem aufgestickten »Muddy« aus dem Arbeitshemd von Robs Vater. Die Babykleider tanzten jetzt als Sternchen über die Armlehne, und in einer langen leuchtenden Schlange um den ganzen Sessel herum. Emmie starrte sie so lange an, bis sie glaubte, sie glänzen zu sehen. Sie war sprachlos, aber Rob war das auch. Sie sah Francesca an, die immer besorgter wirkte, je länger sich das Schweigen hinzog. Schließlich fragte sie: »Und, Rob? Findest du das schrecklich?«

Aber er schüttelte nur den Kopf. Emmie merkte, dass seine Unterlippe zitterte und ihm die Tränen in den Augen standen.

Dann rieb er sich das Gesicht und räusperte sich. Er machte einen großen Schritt auf Francesca zu und schloss sie fest in die Arme. Anschließend trat er einen Schritt zurück und sagte zu Emmie: »Ist deine Mutter nicht clever?« Er riss sich wieder zusammen. »Er ist wunderbar, Francesca. So was habe ich nicht erwartet. Sie wird ihn lieben, das weiß ich. Vielen, vielen Dank.«

Francesca war hingerissen. »Das war mir eine Freude, Rob, ich hab das richtig gern gemacht.«

Rob war es wohl peinlich, dass er so gerührt war, deshalb wechselte er schnell das Thema. »Emmie, du hast doch hoffentlich viele Vorher-nachher-Fotos von Moxie gemacht?«

»Dafür haben wir Aido.« Emmie lächelte ihn an. »Wenn wir ihn nächste Woche zum Workshop schleppen, werden wir wohl ein paar echte Nachher-Fotos machen können.«

»Heißt das, ich kriege meine Kamera zurück?«, fragte Aiden hoffnungsvoll, aber Emmie ignorierte ihn.

»Großartig, du gehst also hin. War der Hänger deshalb hier?«, wollte Rob wissen.

»Nein, wir wissen noch nicht genau, wie wir hinkommen«, sagte Francesca. »Das war der Hänger von Emmies Dad.«

Emmie konnte sehen, dass Rob fragen wollte, warum sie nicht Stevens Hänger nahmen, aber dann überlegte er es sich anders und sagte: »Ich bring dich hin, wenn es dir nichts ausmacht, sie wieder auf den Laster zu laden. Ich kann eine lange Laderampe mitbringen«, ergänzte er, bevor Emmie ihn darum bitten konnte.

»Nein, Rob«, sagte Francesca. »Du musst dich um dein Geschäft kümmern und hast genug getan. Wir mieten einen Hänger.«

Rob warf einen Blick auf Van-essa, die vor dem Fenster parkte. »Ich glaub, es wird schwer, einen guten Hänger für Moxie zu finden, einen, mit dem ihr euch sicher fühlt«, sagte er. »Ehrlich, ich weiß, dass du unheimlich viele Stunden an der Nähmaschine verbracht hast, um diesen Sessel zu machen. Selbst wenn ich Moxie nach Sydney und zurück fahren würde, hätte ich diese Sterne noch nicht abbezahlt.«

Als er merkte, dass Francesca immer noch nicht überzeugt war, versuchte er es noch einmal. »Wie wäre es denn damit: Du kannst mein Mittagessen auf der Hin- und Rückfahrt bezahlen. Aber ehe du zustimmst, sei gewarnt: Ich esse eine Menge.« Er lächelte.

Einen Moment lang sah es so aus, als würde Francesca Einwände erheben, aber dann lachte sie. »Das wäre fantastisch. Moxie muss am Mittwochnachmittag da sein und am Sonntagabend wieder abgeholt werden. Würde das passen?«

»Kein Problem. So«, sagte er und drehte sich wieder zu dem Sessel um, der in der Ecke zu leuchten schien. »Ihr versteht hoffentlich, dass ich mich jetzt verabschieden muss. Ich bringe den Sessel rüber zu Mum. Die ganze Familie trifft sich heute bei ihr zum Abendessen, das letzte Mal vor ihrem Umzug. Es ist also der perfekte Zeitpunkt, um ihn allen zu zeigen. Ich habe bloß nicht dran gedacht, etwas mitzubringen, worin ich ihn einwickeln kann. Kann ich vielleicht das Laken ausleihen? Ich bringe es Mittwoch wieder mit.«

Sie schauten ihm nach, als er davonging. Er trug den Sessel, als wäre er das Kostbarste auf der Welt.

»Noch ein glücklicher Kunde«, sagte Francesca, und gleichzeitig sagte Emmie: »Was für ein netter Mann – und was für ein Morgen. Ein Besuch von Papp-Caroline, eine E-Mail von Shiny Steve und jetzt der großzügige, nette, großmütige Rob.« Sie lachte. »Ich wünschte, mir würde ein Wort mit R einfallen.«

Francesca war schon wieder auf dem Weg zur Werkstatt. »Wie wäre es denn mit Rarität?«

18. Kapitel

»Wozu machst du das alles?«, wollte Aiden wissen, als Emmie mit der Schermaschine unter Moxies Kiefer entlangfuhr.

»Damit sie ordentlicher aussieht«, sagte Emmie. »Pass auf, sonst wehen die Haare auf deine Uniform.« Sie zog das Halfter zurück, stellte sich auf einen umgedrehten Eimer und hielt sich an Moxies Hals fest, um nicht ins Wanken zu geraten. »Ruhig, meine Kleine.« Vorsichtig trimmte sie das Fell seitlich am Kopf, nur gerade so viel, dass das Halfter gut saß. Dann rasierte sie noch ein paar Zentimeter am Ansatz der Mähne ab, wo während der nächsten paar Tage vermutlich der Sattel sitzen würde. Die Mähne hatte sie, so ordentlich sie konnte, gekämmt, trotzdem sah sie immer noch aus wie von stumpfen Zähnen abgekaut. Hoffentlich lag sie nach dem Waschen flach an. Eine Decke würde vielleicht helfen.

Emmie sprang vom Eimer und stellte die Schermaschine aus. Sie massierte Moxie den Hals. »Gutes Mädchen«, sagte sie. Dann sah sie sich die Beine des Ponys an, überlegte, ob sie den Behang etwas stutzen sollte, entschied sich aber, den Winter über nichts daran zu machen. Das ist nur ein Workshop, sagte sie sich, keine Zuchtschau und kein Turnier.

»Wer hat dir das alles beigebracht?«, fragte Aiden. Er rückte seine Schultasche zur Seite, damit Emmie die Schermaschine weglegen konnte.

Emmie überlegte. »Hm, weiß ich nicht so genau. Ich glaube, ich hab das schon immer gemacht.« Doch noch während sie das sagte, erinnerte sie sich daran, wie ihr Dad, als sie noch sehr klein gewesen war und Chet gerade bekommen hatte, eine der Damen in ihrem Reitstall gebeten hatte, ihnen zu zeigen, wie man Chet trimmte. Zu der Zeit hatte Emmie unbedingt zu ihrem ersten Reit-Workshop gehen wollen. Ihr Dad hatte sogar versucht, Chets Mähne dafür einzuflechten. Es hatte den ganzen Tag geregnet, und Emmie wusste noch, dass sie zu nervös gewesen war, an irgendwelchen Wettbewerben teilzunehmen. So ging das bis zum letzten Kurs des Tages, als ihr klar wurde, dass sie jetzt oder nie mitmachen konnte.

Nur Emmie, Chet und Steven waren dabei gewesen. Sie sah noch vor sich, wie ihrem Vater der Regen von der Mütze getropft war. In ihrer Erinnerung lächelte er sie mit kalten Händen in den Taschen an. Diese Erinnerungen machten ihr Angst, sie stellte sie schnell ab.

»Was jetzt?«, fragte Aiden. Emmie wurde sofort wieder in die Gegenwart zurückkatapultiert.

»Ich stelle sie in den Paddock. Hoffentlich komme ich da heil an. Dann packe ich die Sachen ein, die ich mitnehmen muss.« Emmie legte Moxie die Decke wieder auf. »Ich will ihr nach dem Mittagessen noch die Mähne und den Schweif waschen, dann holt Rob sie heute Nachmittag ab, und Mum und ich fahren mit Van-essa hinterher.«

»Gut«, sagte Aiden. »Macht bestimmt mehr Spaß als Schule. Ich geh lieber mal, sonst komme ich zu spät.«

»Nächste Woche komme ich auch wieder mit zur Schule, nehme ich an«, sagte Emmie. Sie band Moxie los und begleitete Aiden bis zum Pfad. »Ich hab ja schon eine Woche drangehängt.« Sie bog zur Plantage ab, und Aiden ging Richtung Schule weiter. »Ich kann wohl kaum mit meinem Pferd zu einem Kurs gehen und dann sagen, dass ich für die Schule zu müde bin, oder?«

»Das kannst du wohl nicht«, sagte Aido. Er ging rückwärts und winkte ihr zu. »Übrigens, was ist mit deinem Geburtstagsessen?«

Connie, Percy und Aiden und seine Familie hatten zu ihrem Geburtstag rüberkommen sollen. Francesca fand, dass sie es irgendwie feiern mussten, dass Emmie ein Teenager wurde. »Ist wohl abgesagt«, sagte Emmie. »Ich bin ja beim Workshop.«

»Na gut, dann bis Montag«, rief Aiden, bog in den Park ein und verschwand aus Emmies Blickfeld.

»Ja, tschüss«, rief Emmie noch. Sie war abgelenkt von Moxie, die gemerkt hatte, dass sie auf dem Weg zum Paddock waren, und anfing zu tänzeln und zu ziehen. »Lass das, Mox«, sagte Emmie, als die Stute den Kopf warf – und dann erstarrte. Jeder Muskel in ihrem Körper war angespannt. Schritt für Schritt legte Emmie die letzten Meter bis zum Gatter zurück. Sie hakte den Führstrick aus, und Moxie zischte ab. Dabei buckelte sie so, dass sich bestimmt niemand im Sattel hätte halten können. Dann galoppierte sie freudig über den Paddock.

Als Emmie sie laufen sah, kriegte sie wirklich Angst, dass der Workshop nichts nützen würde. Egal, wie gut dieser Nick auch war, vier Tage wären doch nicht genug, oder? Ihre Stimmung trübte sich. Francesca würde ihr Geld los sein, Emmie mit einem Pony dastehen, mit dem sie nicht umgehen konnte – und Steven würde die Genugtuung bleiben, dass er recht gehabt hatte.

Moxie fing an zu grasen. Emmie richtete sich kerzengerade auf. »Du kannst aufgeben, aber du musst es wenigstens versuchen, dich anstrengen, alles geben, dich bemühen«, sagte sie.

Rob war pünktlich, und Emmie und Moxie standen bereit.

»Also, letztes Mal war das ein bisschen anders«, sagte Rob, als sie Moxie vorne auf der Ladefläche festband. Ihr fiel auf, dass Rob den Laster sauber gemacht und Gummimatten auf dem Fußboden ausgelegt hatte.

»Nur ein bisschen«, sagte Francesca lächelnd, als Emmie den Knoten noch ein letztes Mal prüfte. Völlig unbeeindruckt machte Moxie sich über ihr Heunetz her. Ihre Beine waren mit Bandagen umwickelt, eine saubere Decke lag auf ihrem Rücken, die Hufe waren gepflegt, und ihre Augen glänzten – sie war nicht wiederzuerkennen.

»Na dann«, sagte Rob und schob den schweren Metallriegel vor, der die Rampe sicherte. »Ich fahre mal los. Wir treffen uns dort.«

Plötzlich kam Percy hinter dem Haus hervor, er schob einen alten Rasenmäher ohne Fangkorb und verspritzte abgemähtes Gras und Steinchen in alle Richtungen.

Er stellte den Mäher ab und brüllte: »Geht's jetzt los?«

»Ja«, rief Francesca. »Wir kommen am späten Nachmittag zurück, wenn Moxie sich eingewöhnt hat. Muss das denn sein?«, fragte sie und wies auf seine bandagierte Hand.

»Ach, das ist mein neuer Arbeitshandschuh. Viel Spaß, Emm!«, rief er, als er den alten Mäher wieder anwarf – und damit war jedes Gespräch beendet.

»Kein Wunder, dass Percy taub ist«, sagte Francesca. Mit einem Winken und hochgerecktem Daumen kletterte Rob in die Fahrerkabine und fuhr langsam von der Auffahrt. Emmie schob die Hände in die Taschen und sah zu, wie Moxie und der Lastwagen um die erste Ecke bogen. Die Stute war ein bisschen unruhig und probierte aus, wie sie am besten stehen und das Gleichgewicht halten konnte. Das Letzte, was Emmie sah, war, dass Moxie sich umdrehte, als ob sie zu Emmie schauen wollte. Mit einem hohen Wiehern rief sie nach ihr.

Der Radioempfang versagte immer wieder, als sie sich durch die Hügellandschaft schlängelten. Genervt schaltete Emmie das Radio aus. »Hoffentlich habe ich nichts vergessen«, sagte sie besorgt.

»Na, wenn du was vergessen hast, können wir es heute Abend holen und morgen mitnehmen. Du sagst das jetzt zum dritten Mal.« Francesca lächelte. »Bist du ein bisschen nervös, ängstlich, besorgt?«

»Nur ein bisschen.« Emmie grinste. »Wenigstens ist mir nicht schlecht, übel, zum Kotzen.« Sie hielt ihr Handgelenk hoch, um ihrer Mutter die Anti-Übelkeitsbänder zu zeigen, die sie ausprobierte.

»Ach? Die funktionieren?«, fragte Francesca. »Wo wir gerade beim Thema sind: Wie fühlst du dich denn bei dem Gedanken, nächste Woche wieder zur Schule zu gehen?«

Emmie lachte. »Ich hab Aido heute Morgen schon erzählt, dass ich nächste Woche wiederkomme. Sogar ich kenne das ungeschriebene Schulgesetz, das da lautet: Wenn du fit genug bist, zu einem Pferde-Workshop zu gehen, bist du auch fit genug für die Schule.«

Ein Blick aus dem Fenster, und plötzlich war sie abgelenkt. »Guck mal, ist es das da?« Sie reckte sich auf ihrem Sitz. Auf der anderen Seite der Straße lag ein lang gestrecktes Tal. Mittendrin war das riesige Dach einer Halle zu sehen.

»Hm, das Navi sagt, dass wir noch vier Minuten zu fahren haben«, sagte Francesca.

»Da ist der Viehwagen«, sagte Emmie, als die blaue Fahrerkabine des Lasters für einen Augenblick über einer Hügelkuppe auftauchte, um gleich wieder zu verschwinden.

Emmie seufzte tief.

»Weißt du, Emmie, du musst da nicht hin«, sagte Francesca, als sie über ein Viehgitter rumpelten. »Nicht, wenn es dir solche Sorgen macht.«

»Das weiß ich.« Emmie schluckte schnell, damit sie nicht alles aussprach, was sie dachte, und das war: Doch, ich muss da hin, Moxie und ich brauchen Hilfe. Das Bild von Percys Hand blitzte in ihrem Kopf auf.

Die Halle kam in Sicht. Robs Laster wartete, Moxie stand noch hinten drauf, die Ohren zeigten Alarmstufe Rot. Sie scharrte und warf den Kopf. »Sie da rauszuholen wird lustig«, sagte Emmie und biss sich auf die Lippe.

Als sie näher kamen, rollte Rob langsam zu der anderen Seite des Gebäudes, wo er rückwärts an eine breite Verladerampe ranfuhr. Francesca parkte, und sie gingen zum Viehwagen, wo sie Moxie immer noch scharren hörten. Die Metallverkleidung der Reithalle warf das Geräusch zurück.

»Hat sie sich die ganze Strecke so aufgeführt?«, fragte Emmie. Indessen wurde Moxie, die sie gesehen hatte, noch ungeduldiger, sie scharrte weiter und schüttelte den Kopf. Emmie fragte sich schon, wie sie die Stute je losmachen sollte.

Francesca spürte ihr Zögern. »Du gehst nicht zu ihr rein, solange sie sich so benimmt. Wir warten, bis sie sich beruhigt, oder bitten jemanden, uns zu helfen.«

Rob kam, stellte sich neben Emmie und berührte sie an der Schulter. »Ich hol sie für dich raus, Emm.«

Gerade als er den Fuß auf die Rampe gesetzt hatte, rief eine Männerstimme: »Guten Tag, kommt ihr klar?« Sie drehten sich um und sahen ein fröhliches Gesicht über die Bande am Ende der Reithalle gucken. Der Mann ging durch eine kleine Pforte, die er gleich wieder hinter sich zumachte, und kam auf den Viehwagen zu. Er streckte die Hand aus und sagte: »Ich bin Nick, und du musst Emmie sein.« Sie gaben sich die Hand. »War nicht schwer zu erraten, du bist nämlich das einzige Mädchen unter meinen Reitern«, erklärte er. Dann lächelte er Francesca an, die sich und Rob vorstellte. »Und wer ist das?«, fragte Nick und sah Moxie an.

»Das ist Moxie«, sagte Emmie. Die Stute scharrte immer noch.

»Und wie lange war Moxie jetzt auf dem Wagen?«, fragte Nick.

»Ungefähr eine Stunde«, antwortete Rob.

»Na, sie ist ziemlich ungeduldig, eine Stunde ist ja nicht so lange.« Nick sah sich das Innere des Viehwagens genauer an und schaute, wie Moxie festgebunden war. »Wie ich sehe, kann sie sich da drinnen nicht verletzen, und sie ist nicht allzu gestresst, nur ungeduldig, also schlage ich vor, wir versetzen Moxie sofort in den Lernmodus mit einer Lektion, die sich ›Warten‹ nennt. Wie wär's, wenn ich euch kurz herumführe und euch zeige, wo alles ist, während Moxie wartet? Und wenn wir fertig sind, lade ich sie für euch aus. Ich schätze mal, dass Moxie sich nicht gut führen lässt.«

»Manchmal ist es ziemlich schlimm«, gestand Emmie ein. Bei dem Lärm, den Moxie machte, konnte sie gar nicht denken.

»Gut«, sagte Nick, »dann folgt mir. Links ist die Reithalle – die wirst du gut kennenlernen – und da drüber ist der Campingplatz. Bleibt ihr bei uns?« Er führte sie durch die Bäume zu einem Gebäude aus Stein, dessen eine Seite Wände aus Fliegengitter hatte. Grills und Holztische standen davor. »Da sind Küche, Essplatz und Gemein-schaftsraum«, sagte er.

»Wir überlegen noch, wir dachten, wir gucken heute erst mal«, sagte Francesca, die Emmie einen Blick zuwarf. Emmie zuckte nur mit den Schultern, das war alles ziemlich viel auf einmal für sie.

»Da drüben«, fuhr Nick fort, »sind die Duschen und Toiletten. Ihr dürft gern bleiben, die meisten Reiter und ihre Familien machen das. Das spart eine Menge Fahrerei am Ende eines langen Tages – und das werden lange Tage. Wir bitten nur täglich um eine kleine Spende, damit wir das Gas bezahlen können.« Er blieb stehen und lauschte. »Hört ihr das?« Ein Kookaburra rief über ihnen, und einen Augenblick lang dachte Emmie, er würde den Vogel meinen.

»Moxie ist ruhig«, sagte Nick, der überhaupt nicht überrascht wirkte. Kurz geriet Emmie in Panik. Was, wenn sie so still war, weil sie sich verletzt hatte?

Nick schien ihre Gedanken gelesen zu haben. Ruhig sagte er: »Sie muss das lernen, Emmie. Sie muss wissen, dass sie an ihrem eigenen Platz ruhig sein kann. Wir würden sie nie irgendwo stehen lassen, wo sie sich verletzen könnte. In einem Pferdeanhänger hätte ich sie nicht gelassen, aber ich vermute, wenn du vorhin versucht hättest, sie vom Wagen zu führen, hätte sie dich über den Haufen gerannt und dich oder sich selbst eventuell verletzt. Außerdem hat ihr das nicht allzu viel ausgemacht, auf dem Laster zu stehen. Sie wollte nur raus.« Er hielt sich die Hand hinters Ohr, als ob er angestrengt lauschte. »Sie hat jetzt nur zehn Minuten gebraucht, um sich mit der Situation abzufinden. Und hier sind die Ställe. Alle haben Tränken, aber ihr müsst selber Futter und Eimer mitbringen. Das hat das Team euch sicher schon gesagt. Wenn das Wetter schlecht wird, können wir die Pferde in den Ställen neben der Reithalle aufsatteln, sonst ist es schön, sie an der frischen Luft zu lassen, wo sie alles sehen können. Und das war's auch schon, glaube ich. Die Mitarbeiter laufen hier überall rum in ihren T-Shirts, sprecht sie einfach an, wenn ihr irgendwelche Fragen habt.«

Als Nick Emmies besorgtes Gesicht sah, hatte er Mitleid mit ihr und sagte: »Okay, Emmie, dann wollen wir sie mal ausladen.«

Sie kamen an einem großen Sack mit Pferdesachen vorbei, der draußen an der Reithalle lag. Nick wühlte darin herum und schnappte sich einen langen Führstrick mit einem Karabinerhaken. Als er sich dem Viehwagen näherte, sagte er: »Warte einfach hier und beobachte, was ich mache. Ich erkläre das alles morgen in deinem Unterricht.«

Nick stieg ruhig auf den Hänger. Bevor er zu Moxie ging, rutschte er mit den Füßen über den Boden, um herauszufinden, ob er Halt hatte. Er rieb ihr das Gesicht, hoch und runter und um die Ohren herum. Zuerst warf sie den Kopf. Sie wollte das nicht, versuchte ihn wegzudrängeln und hatte keinen Respekt. Es schien ganz so, als würde sie sich wieder hochschaukeln, aber Nick kraulte sie immer weiter, bis sie schließlich stand. Nicht ganz entspannt, aber wenigstens ruhig.

Nick machte in seinem Tempo weiter, nicht zu langsam, um zu vermeiden, dass sie sich aufregte. Er klickte den langen Führstrick an, machte Moxie im Hänger los und drehte sie zur Rampe. Sie wollte an ihm vorbeistürmen, doch er drehte sich um und warf die Arme hoch, lief rückwärts und stieß an ihre Brust. Als sie wieder drohte, ihn umzurennen, ging er wieder rückwärts, und dann hob er den Fuß und tat etwas, das Emmie noch nie jemanden hatte tun sehen. Er trat ihr mit der flachen Sohle seines Schuhs vor die Brust. Mehr als ein Klaps war das nicht, aber Moxie war total überrascht. Sie blieb stehen und ging rückwärts, ihm aus dem Weg. Die Ohren waren nach vorn gerichtet, der Blick auf Nick.

Emmie geriet in Panik. Was machte dieser Irre da? Wo hatte sie Moxie nur hingebracht? Ihre Finger juckten, sie wollte ihr Pony holen, aber dann sah Emmie sich Moxie genauer an. Diese Reaktion hatte sie noch nie bei ihr beobachtet, und was immer es war, das Nick ihr gerade mitteilte, er sprach offenbar ihre Sprache. Sie mochte überrascht sein, aber sie akzeptierte es.

Nick ging vor und Moxie machte ein paar ruhige Schritte hinter ihm her, bevor sie wieder schneller wurde. Aber Nick war ihr einen

Schritt voraus, lief rückwärts auf sie zu, warf die Arme hoch und versperrte ihr den Weg. Eilig machte Moxie ein paar Schritte zurück, dann blieb sie still stehen. Nick drehte sich nicht zu ihr um, er erwartete eindeutig von ihr, dass sie stehen blieb. Dann ging er ruhig die Rampe runter. Moxie folgte ihm mit gesenktem Kopf in respektvollem Abstand. Mit gespitzten Ohren beobachtete sie jede seiner Bewegungen.

Am Fuß der Rampe angekommen, rannte Moxie an Nick vorbei, aber wieder war er schneller. Er hatte sich schon umgedreht und eine andere Richtung eingeschlagen. Als sie also am Strick zog, war sie schon wieder hinter ihm. Sie versuchte es immer wieder, und jedes Mal wurde sie wieder umgedreht, sodass sie immer hinter ihm blieb, ihm immer folgte, bis sie plötzlich tief und laut prustend ausatmete. Dann ging sie am lockeren Strick hinter ihm zu den Ställen rüber. Sie folgte ihm wie ein treuer Hund. Nick stellte sie auf die Probe, er blieb stehen, und beinahe wäre sie mit ihm zusammengestoßen. Nun ging er ganz ruhig rückwärts, und sie machte respektvoll ebenso viele Schritte zurück. Dann ging er wieder vor, und sie tat dasselbe, ganz ruhig, aber dieses Mal achtete sie auf ihn, war aufmerksam, blieb stehen, wenn er es tat, ging schneller oder langsamer, um sich seinem Schritt anzupassen. Sie sah aus, als könnte Joshy sie führen. Nick grinste sie alle an, als ob das kein großes Ding gewesen wäre.

Zu Emmie sagte er: »Morgen bringe ich dir bei, wie du auf diese Art mit ihr arbeitest. Und Sonntag hast du das Werkzeug, um sie überallhin zu führen – und sie wird das Vertrauen haben, dir zu folgen.«

»Das war faszinierend«, sagte Rob. »So was wäre nützlich für meine Arbeit, wenn ich Pferde transportiere. Kommt nicht oft vor, aber manchmal sind sie ein bisschen wild.«

»Zuschauer sind bei uns immer willkommen«, sagte Nick. »Es ist gut, wenn die Familien zugucken und lernen, dann könnt ihr einander zu Hause helfen.«

Emmie hatte ein komisches Gefühl, weil Nick dachte, sie wären eine Familie, aber jetzt war keine Zeit für eine Erklärung. Sie ließ die Sache also auf sich beruhen und richtete ihre Aufmerksamkeit wieder auf Moxie, die Nick gerade in dem für sie bestimmten Unterstand losmachte.

»Das wär's«, sagte er, »bring deine Sachen in die Reithalle, da stehen sie sicher und trocken. Gewöhne dein Pferd ein, und dann sehen wir uns morgen früh zur ersten Unterrichtsstunde. Wenn es irgendwelche Probleme geben sollte, ruf unter der Handynummer an.«

Und wie ein Zauberer ging er davon, und sie blieben zurück und starrten diese neue Moxie an, die er vor ihren Augen zum Vorschein gebracht hatte.

19. Kapitel

Am nächsten Morgen legten Emmie und Francesca die ganze Route noch mal zurück, es war neblig und seltsam warm. Irgendwo hinten im Lieferwagen schlug in jeder Kurve die Kühlbox an die Wand.

»Wenn wir eine Kaffeepause machen, erinnere mich dran, ein Kissen oder so was hinter das Ding zu stopfen«, sagte Francesca.

Emmie drehte sich um und warf einen Blick auf ihre provisorische Campingausrüstung. Als sie am Abend zuvor müde und im Dunkeln wieder zu Hause angekommen waren, hatten sie beschlossen, dass Campen vernünftiger war. Francesca hatte gesagt: »Das wird wie eine Geburtstagsreise mit deinem Pony. Van-essa eignet sich perfekt dazu, wir können auf der Ladefläche Betten machen, Kleidung zum Wechseln und was zu essen mitnehmen. Das wird lustig.« Emmie wusste nicht recht, ob sie es wirklich so meinte oder sich was einzureden versuchte.

»Sollen wir anhalten und uns kurz was zu essen besorgen?«, fragte Francesca, als sie langsam durch ein kleines Dorf fuhren.

»Ich bin nicht hungrig«, sagte Emmie. Sie war so nervös, dass sie nicht essen mochte.

Francesca warf ihr einen Blick zu, drängte sie aber nicht. Sie bog auf einen Parkplatz ein und sagte: »Gut, wenn du meinst, dann hole ich mir nur was.« Mit zwei Bechern und zwei kleinen Tüten kam sie schließlich wieder aus dem Café. Sie reichte Emmie einen Becher und eine Tüte. »Das kannst du jetzt oder später essen.« Sie nahm einen Schluck aus ihrem Becher und fuhr wieder los.

Als sie sich ihrem Ziel näherten, zogen Wolken auf, dicke, dunkle Wolken. Und als sie an die Stelle kamen, an der sie tags zuvor die Reithalle im Tal zum ersten Mal gesehen hatten, war außer Wolken nichts zu sehen.

»Wir sind gleich da«, sagte Emmie nervös. Sie waren auf den Sandweg eingebogen, der durch ein Tor aufs Gelände des Reiterhofs führte. Dicke Regentropfen klatschen auf die Windschutzscheibe. »Zum Glück gibt es die Reithalle«, sagte Francesca und leerte ihren Kaffeebecher. Aber Emmie dachte nur daran, wie sie Moxie von den Unterständen zur Halle kriegen sollte. Auf dem Parkplatz standen ein paar Hänger, aber kein Mensch war zu sehen. Sie parkten. »Ich habe die Regenjacken eingepackt, sie sind hinter deinem Sitz, Emm«, sagte Francesca. Sie warf einen Blick auf ihr Handy. »Du hast vierzig Minuten.« Emmie spürte, wie sich ihr Magen zusammenzog.

»Dann hole ich jetzt am besten Moxie und bringe sie in die Halle«, sagte Emmie mit einem Blick zum Himmel. »Ich hole nur eben das Halfter aus meiner Tasche.«

»Soll ich mitkommen?«, fragte Francesca.

»Nein, ich schaff das schon«, sagte Emmie, die hoffte, dass Nicks Zauber noch immer auf Moxie wirkte. »Warte du nur im Stall, da wirst du nicht nass.«

Eine Weile guckte Francesca sie eindringlich an, dann nickte sie. »Okay.«

Sie gingen in den Stall und sahen, dass draußen so wenig Menschen und Pferde waren, weil alle hier drinnen bei den Boxen standen, wo es trocken war. Auch Moxie stand in einer Box. Ein junger Mann in einem Hemd mit NL-Logo kam auf sie zu und sagte: »Guten

Morgen, ich bin Sam, ich arbeite für Nick. Hoffentlich ist das in Ordnung so, aber wegen des Wetters haben wir die Pferde hier rübergebracht, damit ihr euch im Trockenen fertig machen könnt. Moxie hat ihr Heu gekriegt und wirkt ganz zufrieden. Sagt Bescheid, wenn ihr irgendwas braucht. Oh, nur zur Erinnerung: Nick fängt pünktlich an. Den Rest des Tages wird er wahrscheinlich nicht mehr pünktlich sein, weil er sich für jedes Pferd so viel Zeit nimmt, wie es braucht.« Er lachte. »Aber du bist um neun dran. Ruf mich, wenn irgendwas ist.« Er winkte kurz und ging.

Moxie zupfte glücklich an ihrem Heunetz, aber sie drehte sich um, als Emmie durch die Tür kam, und ging leise wiehernd auf sie zu. Die Stute wirkte ganz entspannt, und Emmie ging es gleich besser. Sie warf einen Blick auf die Uhr in der Halle, dann nahm sie Moxie die Decke ab.

Francesca unterhielt sich gerade mit einem Pferdebesitzer in einer anderen Box, und Emmie war froh, Moxie einen Moment für sich allein zu haben.

Als sie die Decke zusammengelegt hatte, trat sie einen Schritt zurück und schaute Moxie an. Kaum zu glauben, dass sich ein trauriges Pony in so kurzer Zeit derart verwandeln konnte. Moxies Fell glänzte, ihr Schweif wuchs nach und schimmerte rotbraun, die Mähne war nicht mehr struppig, und die Hufe sahen gesund und ordentlich aus. Ihr Gewicht war auch endlich perfekt. Sie war ein Pony, auf das man stolz sein konnte, fand Emmie. Sie nahm den Striegel zur Hand und machte sich an die Arbeit. »Du siehst vielleicht noch nicht ganz so aus wie das Pony auf J. S. O'Briens Website«, flüsterte sie Moxie zu, »aber du könntest ganz bestimmt eine nahe Verwandte von ihm sein.«

Emmie schaute die Boxenreihe entlang. Sie wollte sehen, ob sonst noch jemand seinem Pferd Glocken anlegte, aber die Leute, die da waren, plauderten nur oder fütterten ihre Pferde. Emmie sah sich Moxies schöne Beine an, dann holte sie Chets Glocken aus der Tasche und schlug sie aneinander, damit der Staub abfiel. Leider hatte sie nicht daran gedacht, sie abzuwaschen. Dann bückte sie sich, um Moxie die Glocken anzulegen ... und plötzlich spürte sie, dass sie wieder in der Pferdewelt war. Dieses Gefühl hätte sie niemandem beschreiben können. Irgendwo zwischen Chet und Moxie hatte sie vergessen, was einmal so natürlich für sie gewesen war, aber hier regte es sich wieder, dieses Gefühl. Es war, als würden sich ihre Muskeln und ihr Gehirn daran erinnern, wie man diese Pferdesachen machte. Sie schnallte die letzte Glocke fest und spürte einen Hoffnungsschimmer. Vielleicht schaffte sie es ja doch.

Mit der Hand strich sie über Moxies Kopf und klickte den Führstrick am Halfter ein, dann zupfte sie einen Halm aus Moxies Stirnfransen und holte tief Luft. »Komm, Moxie.« Sie führte das Pony aus der Box rüber zur Tür der Reithalle. Moxie ging mit langen, lockeren und emsigen Schritten neben ihr her. Als sie durch die Tür gingen, hatte sie die Ohren nach vorn gerichtet und die Augen weit offen. Nick wartete. Sie blieben vor ihm stehen und er lächelte.

»Guten Morgen, seid ihr bereit?«

»Ja.« Emmie wollte entschlossen klingen. Sie streichelte Moxie, die ihren Blick auf Nick gerichtet hatte. »Ja, das sind wir.«

»Also, erzähl mir ein bisschen was über Moxie«, sagte Nick, der sich auf Emmie zu konzentrieren schien, obwohl er eigentlich Moxie beobachtete.

»Mum und ich haben sie durch Zufall auf einer Auktion gekauft. Sie war in ziemlich schlechtem Zustand, wir haben sie gerade erst wieder gesund gepflegt.« Emmie machte eine Pause, weil sie Moxie zurückdrängen musste. Die versuchte nämlich sich zu drehen und umzuschauen und stieß dabei gegen Emmie. »Wir haben es geschafft, die Leute zu finden, die sie eingeritten und ausgebildet haben«, sagte Emmie. »Und die haben uns erzählt, dass Moxie Dressurturniere gegangen ist, bis sie sich verletzt hat und sich schonen musste. Aber dann ist ihr Besitzer gestorben, und man hat sie auf einer Farm vergessen.« Moxie drehte den Kopf so heftig, dass Emmie sie nur noch am ausgestreckten Arm halten konnte. Mit beiden Händen musste sie ins Halfter greifen, um das Pony wieder gerade zu richten. »Bevor sie zu uns gekommen ist, hat sie zwei Jahre lang auf einem Paddock gestanden. – Moxie, steh jetzt«, sagte Emmie genervt.

»Verstehe«, sagte Nick. »Und wie läuft es mit ihr?«

Emmie schüttelte den Kopf. »Mal gut, mal schlecht. Meistens ist sie ganz okay, aber manchmal scheut sie und macht ein ziemliches Theater, wenn ich sie führe. Dann kann ich sie nicht halten. Wenn sie sich hochgeschaukelt hat, weiß ich nicht mehr, was ich machen soll. Sie drängelt und …« Sie suchte nach den richtigen Worten. »Und ich habe das Gefühl, sie stellt mir eine Frage oder bittet mich um was, aber ich weiß nicht, was es ist. Wahrscheinlich hört sich das albern an.« Moxie mischte sich wieder ein und zwickte Emmie heftig in den Arm.

»Nein, nein, was du sagst, klingt ganz schlüssig«, sagte Nick. »Und du liegst ganz richtig. So, ich nehme sie jetzt mal.« Emmie und er tauschten die Plätze, Nick nahm den Führstrick und stellte sich auf Emmies Platz. »Nur während wir noch ein bisschen reden.«

Wenig später benahm Moxie sich bei Nick genauso wie bei Emmie, sie drängelte, zupfte an ihm, war unruhig und fordernd.

Nick sah Emmie an, entspannt, aber konzentriert. »Ich weiß nicht, wie es dir geht. Aber wenn ich hier stehe und rede, will ich, dass Moxie warten kann und dass sie dabei ganz entspannt ist. Ich will nicht, dass sie auf mir steht, und ich will auch ganz bestimmt nicht, dass sie in meinen Raum eindringt, sobald sie sich erschreckt. Und ich will ihr auch nicht alle zwei Minuten sagen müssen, dass sie was lassen soll, dass sie ruhig sein und ruhig stehen soll. Ich will nur, dass sie es tut. Weißt du noch, was ich gestern auf dem Viehwagen gemacht habe?«

Emmie fand keine Worte. Im Kopf konnte sie alles noch mal wie einen Film ablaufen lassen, aber es hörte sich doch blöd an zu sagen: »Du bist rückwärts gelaufen und hast mein Pferd getreten.«

»Wir sagen es mal anders«, sagte Nick. »In einer Pferdeherde gibt es eine Stute, die der Chef ist und dafür sorgt, dass alle anderen sich ordentlich benehmen und in Sicherheit sind. Die Hengste übernehmen das Kämpfen, aber die Leitstute ist die Nummer eins, und ihr Wort ist Gesetz. Weißt du, was sie macht, wenn jemand aus der Reihe tanzt?« Er wartete gar nicht erst auf Emmies Antwort, sondern machte einen Schritt zurück auf Moxie zu, die hart an seiner Schulter stand und ihn schubste. Mit dem Hut in der Hand wedelte er mit dem Arm und scheuchte sie von sich weg. Als sie nicht schnell genug wegging, kickte er ohne sich umzudrehen nach hinten und traf sie mit der weichen Schuhsohle. Sie rannte zurück, blieb stehen, als Nick stehen blieb. Mit aufgerichtetem Kopf und gespitzten Ohren stand sie da, nicht ängstlich, aber wachsam.

»Wenn Pferde in der Herde nicht machen, was die Leitstute sagt, wendet sie ihnen das Hinterteil zu und droht damit, sie zu treten.« Nick setzte den Hut wieder auf und machte zwei Schritte auf Emmie zu. Moxie machte genau zwei Schritte zurück. »Nicht wie eine fiese, schlecht gelaunte Stute, sondern wie ein Chef, der Gehorsam erwartet. Sie hat die Verantwortung für die Sicherheit der ganzen Herde. Ein Pferd, das nicht tut, was es soll, wird nicht geduldet. Moxie war in den letzten zwei Jahren ganz allein in diesem Paddock und musste alle Entscheidungen selbst treffen. Sie ist ihre eigene Leitstute gewesen. Das war bestimmt Stress für sie, keine Herde oder Gesellschaft zu haben. Und dann kommst du daher und sagst ihr, was sie machen soll, kommandierst sie herum oder versuchst es – und sie ist nicht überzeugt davon, dass du die Leitstute bist. Sie weiß nicht, ob sie sich entspannen und dir die Dinge überlassen kann. Deshalb verlangt sie von dir, Emmie, dass du ihr sagst, dass du der Chef bist und sie sich keine Sorgen machen muss. Dass sie nicht zu scheuen braucht oder auf der Hut vor Gefahren sein muss, weil du alles unter Kontrolle hast. Sie muss nur machen, was du ihr sagst, und dann ist sie in Sicherheit. Deshalb will ich dir zeigen, wie du ihr das klar und freundlich mitteilst.«

Emmie sah Moxie an, die ein paar Schritte Abstand zu Nick hielt. Jedes Mal wenn sie sich anschickte, einen Schritt nach vorn zu machen, trat Nick einfach einen Schritt zurück, und sie korrigierte sich selbst, bis sie schließlich ruhig und entspannt dastand.

»Gut«, sagte Nick, »das ist Schritt eins. Bleib hier in der Nähe, Emmie«, sagte er. »Moxie und ich arbeiten ein bisschen, damit ich sehen kann, womit wir es zu tun haben. Können wir mal Stange und Fahne haben, Sam?«, rief er. Sam reichte ihm die Sachen über die Bande. »Du darfst nicht erschrecken, wenn sie durch die Gegend springt, Emmie. Sie fragt mich nur, was ich weiß. Es ist wichtig für uns rauszufinden, womit du es genau zu tun hast, damit du zu Hause weißt, was du machen musst und wie du ihr helfen kannst. Okay?«

Emmie guckte auf die Uhr in der Halle. Nick hatte eine halbe Stunde mit Moxie gearbeitet und sie durch eine Reihe von Übungen geführt. Ab und zu hatte er Emmie zugerufen und erklärt, was er da machte.

Zuerst war Moxie verwirrt gewesen, sie versuchte sich zu drehen und auszuweichen, nach links und nach rechts. Sie stellte Nick infrage, aber er ließ sich nicht beirren, sondern verlangte immer wieder von ihr, sich dahin zu bewegen, wo er sie haben wollte. Emmie hörte ihn nie sprechen oder genervt reagieren. Fasziniert schaute sie zu, während Nick anscheinend gar nicht viel tat. Dennoch konzentrierte Moxie sich langsam, aber sicher auf ihn und begann das zu tun, was er verlangte. Ganz ruhig und verlässlich. Und statt aufzubrausen, wenn sie unsicher wurde, versuchte sie es einfach noch mal, weil sie es richtig machen wollte. Emmie wusste, dass viel von dem, was Nick Moxie mit seiner Körpersprache und Fußarbeit mitteilte, so subtil war, dass sie es überhaupt nicht sehen konnte. Das Ergebnis seiner Arbeit sah sie jedoch an ihrem Pferd, das plötzlich ganz aufmerksam und eifrig wirkte, aber trotzdem entspannt blieb.

Das war wie ein Wunder, ein noch viel größeres als das tags zuvor beim Führen.

Nick ging auf Emmie zu, er übergab ihr den Führstrick. »Halt sie mal eine Minute, Emmie«, sagte er mit einem Lächeln. Dann verließ er die Halle und bückte sich hinter der Bande. Mit Sattel und Trense kam er wieder zurück.

»Jetzt schon?«, fragte Emmie geschockt. Er grinste und sagte: »Wir haben vier Tage, und durch die Arbeit an der Hand sehe ich, dass sie so weit ist. Sonst würde ich nicht aufsteigen. Ist doch in Ordnung, oder, Moxie?« Er warf Moxie die Satteldecke über den Rücken. Als die Stute anfing zu zappeln, nahm er Emmie den Führstrick ab. »Ich nehme sie mal, danke.« Er legte sich den Strick über den Arm, und Emmie trat zurück.

Als Nick den Sattel auflegte, bewegte Moxie sich hin und her. Vom eben noch so entspannten Pony war nichts mehr zu sehen, tänzelnd wich sie Nick aus. Eine Minute lang ließ Nick die Stute gewähren, wobei er den Sattel hin und her rückte, so gut er konnte, statt ins Halfter zu greifen und sie irgendwie ruhig zu halten. Und dann – nach einem klaren Ruck am Halfter, wirklich nur einem, blieb Moxie still stehen. Emmie war überrascht.

Nick zog den Sattelgurt fest und drehte sich zu Emmie. »Ich habe ihr die Gelegenheit gegeben, sich zu beruhigen, sie hat es nicht getan, und das ist okay. Aber ich habe darauf verzichtet, mich an ihren Kopf zu hängen, noch mehr Spannung zu erzeugen oder an ihr rumzuzerren. Für Pferde ist es leichter, wenn die Dinge schwarz und weiß sind. Grauzonen verwirren sie nur, dann weiß sie nicht, woran sie ist und wer die Kontrolle hat – und sie fängt an, sich Sorgen zu machen.«

Emmie wusste nicht, was sie sagen sollte. Sie hielt den Atem an, es machte ihr Angst, dass Nick auf Moxie aufsitzen wollte, aber sie war auch aufgeregt. War die alte Moxie immer noch da drinnen? Wenn sie das war, konnte ein Mann wie Nick sie vielleicht reiten. Aber das bedeutete noch lange nicht, dass Emmie dazu auch in der Lage war. In Emmies Kopf wurde die Stimme des Zweifels laut, aber für die war kein Platz, als Nick sich auf den Aufsteigebock stellte und Moxie daneben. Emmie hatte gehofft, dass Nick ihr Pony irgendwann reiten würde, aber sie hatte gedacht, das würde vielleicht am letzten Tag geschehen. Sie war darauf eingestellt, einfach nur Moxies Verhalten beim Führen unter Kontrolle zu bekommen und sich fürs Reiten irgendwo anders Hilfe zu holen. Aber vom ersten Kurstag waren erst fünfundvierzig Minuten vergangen – und er wollte schon aufsteigen.

Hinter Emmie sagte jemand »Entschuldigung«. Der nächste Teilnehmer wartete schon mit seinem Braunen. Emmie machte das Tor auf, und als sie sich wieder umdrehte, blieb ihr das Herz kurz stehen, denn Nick saß auf Moxie.

Er rieb ihr den Hals und die Seiten, saß mit lockeren Zügeln im Sattel und ließ sie ihre Balance finden – dann brachte er sie mit einer kleinen Hilfe in den Schritt. Im Sattel war Nick entspannt, so als wäre Moxie sein Pferd, das er jeden Tag ritt. Emmie war wie gebannt, und als Nick auf die rückwärtige Wand zuritt, folgte sie und hockte sich auf den Aufsteigebock mitten in der Halle.

Nick ließ die kleine Stute ausschreiten, lenkte sie mit weicher Hand nach rechts und links. Ganz anders, als ich reite, dachte Emmie. Als Nick zur langen Seite der Reithalle kam und die ganzen sechzig Meter vor ihm lagen, schnalzte er und gab Moxie leichten Druck mit den Fersen. Ohne aus dem Rhythmus zu kommen, fiel Moxie in einen schnellen Trab. Für ihre Größe war jeder Schritt riesig, ihre Hinterbeine preschten voran. Emmie rechnete damit, dass Nick versuchen würde, sie in den Griff zu bekommen, aber als sie auf die Ecke zuhielten, nahm Moxie sie mit voller Fahrt, und Nick berührte die Zügel nicht. Emmie staunte über sein Selbstvertrauen und sein Gleichgewicht, er war eins mit dem Pferd. Als die beiden die nächste lange Seite entlangritten, legte Moxie wirklich los, sie warf die Vorderbeine nach vorn, der Schweif wehte wie ein Banner hinter ihr her. Im Vorbeireiten schmetterte Nick: »Moxie kommt in Fahrt«. Er sah aus, als würde er jede Minute genießen.

Er wechselte durch die halbe Bahn, hob den Zügel an und berührte Moxies Maul ganz sanft. Moxie wurde langsamer und reagierte auf den Druck, indem sie die Schnute ein kleines Stückchen zurückzog. Sie balancierte sich aus, und in der nächsten Ecke brachte Nick sie in den Galopp. Innerhalb von Sekunden legte sie Meter zurück.

Mit verschränkten Armen beobachtete Emmie, wie Moxie durch die Halle galoppierte, genau so, wie sie es machen sollte. Genau so, ging Emmie auf, wie die Deutschen Reitponys auf den Fotos, die

Steven ihr geschickt hatte. Die, von denen sie gedacht hatte, sie niemals reiten zu können.

Nick ließ Moxie laufen, damit sie ihren Körper strecken und sich daran gewöhnen konnte, wieder jemanden auf dem Rücken zu haben. »Sie soll nur ihre Füße finden«, erklärte er lachend, als er wieder vorbeigaloppierte. Und dann sah Emmie, wie er auf der Hälfte der langen Seite sein Gewicht in den Sattel brachte und mit einem Finger sachte den Zügel anzog. Moxie fiel in den Trab. Er ließ sie eine halbe Bahn traben, ehe er sie wieder in den Schritt brachte und zurück zu Emmie an den Aufsteigebock ritt. Er lächelte, als er auf sie zukam. »Was denkst du?«, fragte er.

Ohne lange zu überlegen, sprach Emmie die beiden Gedanken aus, die in ihrem Kopf rumorten. »Sie ist fantastisch«, sagte sie ehrlich. »Ich werde sie niemals reiten können«, fügte sie genauso ehrlich hinzu. Das war ein ganz neues Niveau.

Nick nahm beide Zügel in eine Hand und stieg in einer fließenden Bewegung vom Pferd. Er wandte sich zu Emmie um und sagte: »Morgen, Emmie, oder vielleicht auch am Tag danach wirst du dieses Pferd reiten – und du wirst es lieben.«

Emmie schaute ihm direkt in die Augen. »Nein«, sagte sie, »werde ich nicht.«

»Okay.« Nick zuckte mit den Schultern. »Aber wenn du nichts dagegen hast, werde ich das tun. Sie reitet sich nämlich wunderbar. Außerdem ist sie superschlau und verdient es in jedem Fall, geritten zu werden.«

»Ich kann nicht«, sagte Emmie, die sich nicht mal sicher war, was sie damit eigentlich meinte.

Nick legte ihr eine Hand auf die Schulter, gab ihr die Zügel und fragte: »Wer hat dir gesagt, dass du nicht kannst?«

Den Tränen nahe schaute Emmie zu Boden, sie wollte der Frage ausweichen, aber er hakte nach. »Emmie, wer hat gesagt, dass du es nicht kannst?«

Sie hob den Kopf und schaute ihn an: »Ich.«

Ganz so, als würde er genau wissen, was sie meinte, lächelte er sie an und sagte nur: »Ah, dann lässt sich das leicht reparieren. Sag dir nur, dass du es kannst. Jetzt spritz sie mit dem Schlauch ab, sie hat es verdient. Wir sehen uns morgen.« Und damit ging er davon. Mit einem Blick auf sein Handy rief er die nächste Teilnehmerin: »Hey, Claire, wie schön, dich wiederzusehen. Wie hat sich Atticus gemacht?«

Einen Moment blieb Emmie am Aufsteigebock stehen. Sie sah Moxie an. Die kleine Stute schnaufte, war aber glücklich und entspannt. Emmie wäre am liebsten in Tränen ausgebrochen. Plötzlich schien Moxie so weit von ihr weg zu sein. Hier war ein Pony, auf das sie vor einer Stunde noch so stolz gewesen war, weil sie es gerettet hatte. Und jetzt wusste sie, dass dieses Pony in einen Profistall gehörte, da sollte es stehen, und da hatte es gestanden. Es war kein Carport-Pony, sondern eines, das Emmie nicht reiten konnte. Jedenfalls nicht so, wie es das verdient hatte. Das wusste sie.

Moxie streckte sanft ihren Kopf vor und holte Emmie in die Gegenwart zurück. Sie sah sich um und merkte, dass die nächste Reitstunde gerade anfing. Francesca stand wartend an der Tür, mit einem großen Lächeln im Gesicht. Emmie dachte an das Geld, das ihre Mum für den Kurs gezahlt hatte, und die Arbeitszeit, die sie opferte, um hier sein zu können. Dann setzte sie ein Lächeln auf, wendete ihr Pony, das höflich Abstand von ihrer Schulter hielt, und ging auf die Tür zu.

20. Kapitel

»Ich schau nur noch ein letztes Mal nach Moxie«, flüsterte Emmie ihrer Mutter zu, die mit den anderen Leuten am Lagerfeuer plauderte. Emmie war überrascht, dass sie die einzige Jugendliche auf diesem Workshop war. Es störte sie aber nicht. Sie wollte nichts weiter, als nach ihrem Pony schauen, dann in die vertraute Van-essa kriechen und schlafen.

Den ganzen Tag hatte sie damit verbracht, sich die anderen Trainingseinheiten anzusehen und aus den Übungen zu lernen, die Nick mit jedem Pferd machte. Nur Moxie und ein anderes Pferd hatte er geritten, die anderen waren die Übungen an der Hand durchgegangen. Er würde die anderen Pferde morgen reiten, hatte er gesagt.

In den Ställen war niemand. Es war dunkel, aber die Nachtlichter schienen gerade eben so hell, dass sie sich zurechtfinden konnte. Sie blieb in der Stalltür stehen und lauschte den Pferdegeräuschen, dem Rascheln von Stroh, Kauen und Schnauben. Eine große Ruhe ging von den Pferden aus.

Auf dem Weg zu Moxies Box, der vorletzten von acht in der Reihe, tauchten ein paar Köpfe über den Boxentüren auf. Moxie, die ihren Schritt erkannte, wieherte leise. Emmie schaute über die Tür und sah, dass die Stute mit nach vorn gerichteten Ohren und dem Hinterbein in Ruhestellung nach ihr Ausschau hielt.

In der Box prüfte Emmie, ob genug Wasser da war. Dann schob sie die Hand unter Moxies Decke. »Ist dir auch nicht zu heiß, Mädchen?«, fragte sie. Moxie sah müde aus. »So wie du werde ich auch aussehen nach meinem ersten Schultag nächste Woche«, flüsterte Emmie. »Du hast das heute so gut gemacht, Mox, ich war stolz auf dich.« Emmie zögerte. »Ehrlich gesagt hast du mir ziemlich Angst gemacht, weil du so begabt bist.« Sie gab ihr einen Kuss auf den Hals, als eine Art Entschuldigung, und verzog sich in eine Ecke der Box, wo sie sich auf dem Boden niederließ und die Stute beobachtete.

Umgeben von Pferdegeräuschen und -gerüchen konnte sich Emmie mit der Stimme auseinandersetzen, die ihr immer wieder sagte, dass sie nicht reiten wollte. Und dort in der Stille fragte sie sich, warum das wohl so war. Hatte sie Angst? Nein, das nicht – und selbst wenn … Nachdem sie Nick heute mit so vielen Pferden arbeiten sehen hatte, war sie überzeugt davon, dass er wissen würde, wann die Zeit reif war. Willst du reiten? fragte sie sich. Und endlich hörte sie ein leises Ja. *Und warum hast du dann beschlossen, es nicht zu tun?* Die Antwort schwebte schon vor ihr, aber ehe sie sich zwingen konnte, sie anzusehen, hörte sie Stimmen im Gang zwischen den Boxen. Sie kamen näher. Bestimmt sehe ich komisch aus, wie ich hier in der Ecke hocke, dachte Emmie. Also stand sie auf und bürstete sich das Stroh von der Jacke.

Jemand sagte: »Das Mädchen mit dem Dunkelfuchs ist bestimmt die, die vor zwei Jahren beim Championat des Ponyclubs disqualifiziert worden ist, die, deren Pony positiv getestet wurde.«

Emmie wurde ganz schlecht. Nie hätte sie gedacht, dass ihr hier so was passieren könnte.

»Bist du sicher?«, fragte eine andere Stimme in der Dunkelheit.

»Glaub schon«, lautete die Antwort. »Ich schaue heute Abend mal im Internet nach.«

Emmie schämte sich genauso wie an dem Tag, an dem es passiert war. Sie duckte sich hinter die Boxenwand.

»Sie hat aber ein sehr schönes Pferd«, sagte die eine.

»Ja, und ich dachte, sie hätte das Reiten endgültig aufgegeben. So hatte ich das jedenfalls gehört.«

Die Stimmen wurden leiser, die Leute verließen den Stall. Aber plötzlich hörte Emmie eine der Frauen mit schriller Stimme sagen: »Oh, jetzt weiß ich, welches Mädchen du meinst! Das war doch die mit dem Vater, der unbedingt immer gewinnen musste, oder bringe ich das durcheinander?«

»Genau die«, sagte die andere, dann waren die beiden außer Hörweite.

Emmie merkte, dass ihre Hände zitterten. Sobald sie ganz sicher war, dass die beiden weg waren, küsste sie ihr Pony ein letztes Mal und sagte leise: »Ich dachte, die Leute hätten das inzwischen vergessen, Mox.« Dann zog sie die Tür hinter sich zu und ging mit hängenden Schultern wieder zurück zum Campingplatz. Mehr als zwei Jahre waren vergangen, und die Leute erinnerten sich immer noch. Sie blieb auf dem Weg stehen und schaute hoch zu den Sternen – und von irgendwo oben hörte sie den Buschkauz rufen. Gut, dich zu hören, alter Freund, dachte sie. *Aber ich weiß, dass nicht mal du die Vergangenheit ändern kannst.* Ihre Gründe, nicht zu reiten, waren unwichtig, wurde ihr plötzlich klar. Es reichte schon, dass die Leute redeten.

»Alles in Ordnung mit Mox?«, fragte Francesca, die im Bett saß und sich was auf dem Laptop ansah.

»Ja, alles gut. Aber sie ist müde.«

»Hat sie ihre Sache nicht toll gemacht heute?«, fragte Francesca.

»Nick war fantastisch.«

»Ja, das waren sie beide.« Emmie streckte sich auf ihrer Seite vom Bett aus. Sie wollte nicht darüber reden, sie wollte auch nicht, dass Francesca erfuhr, dass etwas nicht stimmte.

»Freust du dich darauf, sie morgen zu reiten?«, fragte Francesca.

»Ja, klar«, sagte Emmie, denn das war leichter, als ihr zu sagen, dass sie es nicht tun würde.

»Das klingt so, als ob du nicht sicher wärst.«

»Na ja«, sagte Emmie. »Sie ist ein bisschen anders als Chet, das ist alles. Aber ich schaff das schon.«

»Nick würde dich nicht aufsitzen lassen, wenn er nicht sicher wäre, dass es gut geht, Emmie«, sagte Francesca.

»Mum«, sagte Emmie in die Dunkelheit hinein. »Was, wenn ich nicht mehr reiten will?«

»Liebling, wenn du nicht mehr reiten willst, dann reitest du nicht mehr. Das ist total in Ordnung. Wir können das hier einfach nur machen, um mehr über Moxie zu erfahren und dafür zu sorgen, dass sie umgänglich und gut zu reiten ist. Das ist wichtig, wenn wir ein neues Zuhause für sie finden müssen. Und es wäre nicht fair, sie zu behalten und sie nicht zu reiten.«

»Ich weiß«, sagte Emmie. Moxie war kein altes Paddock-Pony. Zögernd sagte sie: »Dad hätte seine Meinung über Moxie geändert, wenn er sie heute gesehen hätte.« Sie seufzte.

»Kann sein«, sagte Francesca. »Aber sie ist dein Pony, Emmie, und du allein entscheidest, was mit ihr passiert. Andere Meinungen zählen nicht. Nun ja, die von Nick vielleicht noch.«

Emmie erzählte ihr nicht, was sie im Stall gehört hatte. Francesca würde ihr nur sagen, dass sie sich über das Gerede anderer Leute keine Sorgen machen sollte. Aber über Francesca redeten die Leute ja auch nicht. Emmie seufzte. Sie hatte gedacht, wenn Steven bei Pferdeveranstaltungen nicht bei ihr war, würden die Leute sich nicht erinnern. Doch das hatten sie getan, und sie würden es wieder tun.

Francesca klappte ihren Laptop zu und verstaute ihn zwischen den Vordersitzen. »Nacht, Emm«, sagte sie.

»Nacht«, antwortete Emmie. Auf einmal wünschte sie, sie hätte ihrer Mum alles erzählt – über ihre Angst, die Frauen im Stall und Steven – einfach alles. Es war sowieso unmöglich, eines vom anderen zu trennen, und der gemütliche dunkle Van schien der sicherste Ort auf der Welt zu sein, um ihr Herz zu erleichtern.

Aus der Dunkelheit kam Francescas Stimme: »Weißt du, Emmie, die Vergangenheit ist abgeschlossen, erledigt. Wenn dir die alten Geschichten nicht gefallen, die du immer wieder hörst, dann ist es an dir, neue zu schreiben. Erinnere dich an die erste Nacht, als wir bei Moxie im Carport auf dem Sofa gesessen haben. Wir kannten ihren Namen nicht, und du hast mich gefragt, ob ich glaube, dass mit ihr wieder alles gut wird. Und ich habe Ja gesagt. Ich war sicher, dass alles gut werden würde, weil sie aus einem Grund zu uns gekommen ist. Wenn du beschließt, dass dieser Grund nur war, dir klarzumachen, dass du kein Pferd mehr haben möchtest, dann ist das das Ende der Geschichte. Und als Zugabe haben wir Moxie vor dem Hundefuttermann gerettet. Aber möglich ist auch, dass die Geschichte anders endet, Emmie. Du kannst wählen, welches Ende sie nehmen soll, und das bedeutet auch einen neuen Anfang. Der Furcht einflößendste Teil ist manchmal, einfach nach dem zu greifen, was man will.«

»Ich weiß«, sagte Emmie in die Stille hinein. Sie versuchte sich vorzustellen, wie eine Zukunft mit Moxie aussehen würde. Schließlich schlief sie ein, nur um zu träumen, dass sie mit Moxie im Stall war, während draußen Löwen lungerten, mit offenen Mäulern, aus denen Speichel tropfte.

Sie konnte den oberen Teil der Stalltür nicht schließen. Zwischen den Löwen und Moxie stand nur sie selbst mit der Mistgabel, die sie über den Kopf hielt, um einen aussichtslosen Kampf zu kämpfen.

Verschwitzt wachte sie auf, das Tageslicht fiel gerade durch die kleinen Fenster der Hecktüren. Sie rutschte ans Fußende von ihrem Bett, zog sich die Stiefel an und ging los, um nach Moxie zu sehen.

Emmies böser Traum löste sich in Luft auf, als sie den tiefbraunen Kopf über der Boxentür sah. Moxies Mähne und ihr Schweif waren voll von den Spänen, in denen sie gelegen hatte.

»Du Dreckspatz, Mox«, sagte Emmie. Sie öffnete die Boxentür und füllte das Heunetz. »Na, wenigstens hat eine von uns Zeit fürs Frühstück«, murmelte sie, nahm ihren Putzkoffer und machte sich an die Arbeit.

»Bist du heute wieder die Erste, Moxie?«, fragte Nick. Er rubbelte der Stute den Kopf. »Emmie, denk dran, wenn du vor deinem Pferd stehst, heißt das, du lädst es ein zu dir. Stimmt doch, Mox?« Er nahm Emmie den Führstrick ab und führte Moxie durch die Halle, dabei fing er an zu laufen. Moxie konzentrierte sich auf ihn, sie fiel in einen langsamen Trab und hielt durchgehend den gleichen Abstand zu ihm. Dann holte er sie ran und begann mit denselben Übungen wie am Tag zuvor, doch dieses Mal ließ Moxie sich schnell auf die Arbeit ein und leistete keinen Widerstand. Emmie bekämpfte den Drang, nach dem Führstrick zu greifen und zu sagen: »Zeig mir, wie du das machst.«

»Sie ist toll heute Morgen«, rief Nick. Zu Francesca sagte er: »Ich hoffe, du hältst das auf Video fest.«

Er brachte Moxie zum Stehen, dann führte er sie rüber zur Stange und begann sie zu satteln. Moxie war wachsam, aber ruhig. Emmie wollte hingehen und sie halten, aber Nick schaute nicht zu ihr und schien keine Hilfe zu brauchen. Als Moxie die Trense im Maul hatte, führte Nick sie an den Aufsteigebock, und nachdem er ihr mit der Hand über den Rücken gefahren war und den Sattelgurt geprüft hatte, stieg er auf. Moxie blieb einfach stehen und wartete, bis er sie aufforderte, sich in Bewegung zu setzen.

»Wenn sie so schlau sind wie sie hier, dann macht es Spaß«, sagte er zu Emmie, als er im Schritt an ihr vorbeiritt. »Hast du deinen Helm dabei?« Emmie schüttelte den Kopf. Nick sagte nichts, er ging eine halbe Bahn weiter im Schritt, dann ließ er Moxie antraben.

»Soll ich dir deinen Helm holen, Emmie?«, fragte Francesca. Ohne ihre Mutter anzusehen, schüttelte Emmie den Kopf. Sie tat so, als könnte sie den Blick nicht von Moxie losreißen. Sie wollte nicht, dass Francesca merkte, wie sie mit den Tränen kämpfte. Sie hätte ihr keinen Grund dafür nennen können.

Während sie ihre wunderschöne Stute traben und vom Trab in den Galopp wechseln sah, als wäre sie den ganzen Monat täglich geritten worden – ohne zu scheuen, ohne sich zu erschrecken, einfach glücklich, das zu tun, wofür sie bestimmt war –, merkte sie, dass sie weinte, weil sie so wütend auf Steven war. Er hatte ihr das Reiten kaputt gemacht, und er war nicht hier. Und trotzdem war ihr, als würde sie seinen Schatten spüren, als würde er in der Reithalle zwischen ihr und Moxie schweben. Plötzlich überwältigten sie die Gefühle. Es war so heftig, dass sie dachte, sie müsse den Kopf zwischen den Händen vergraben, und sie gestand sich ein, dass sie ihren Vater vermisste.

Aiden hatte recht. In jeder ihrer Erinnerungen, die mit Pferden zu tun hatte, kam ihr Dad vor. In wirklich jeder. Und dann hatten sich alle guten Pferdeerinnerungen hinter ihrer Wut versteckt, und die, die sie nicht hatte sehen wollen, stürmten auf sie ein. Jede Erinnerung an Chet war mit ihrem Dad verbunden. Er war immer da. Sie zwang sich dazu, nicht mehr an die Zwischenfälle zu denken, bei denen er sich furchtbar benommen hatte, sondern an die Zeiten, in denen das nicht der Fall gewesen war. Wie er mit ihr zusammen das Einflechten geübt hatte, wie er ihre Stiefel geputzt hatte, ehe sie in die Bahn geritten war, wie er stundenlang in Regen und Wind gestanden hatte, die ganze Nacht mit ihr aufgeblieben war, als Chet krank gewesen war, wie er die Rampe vom Hänger tausendmal hochgeklappt und nie gesagt hatte, dass er mal ein Wochenende ohne Pferde und Pferdehänger haben wollte, und wie er sie und den Hänger überall hingefahren hatte. Emmie begriff, dass sie nicht nur wütend auf ihn war. Ohne ihn war Reiten nicht mehr dasselbe, denn sie war daran gewöhnt, dass er immer mit dabei war. Sie vermisste ihren Dad. Nicht den Deutsch-land-Dad, nicht den Karriere-Dad, sondern den Eiswaffeln-auf-dem-Heimweg-von-Turnieren-Dad. Dad ohne Caroline, die Dinge, die nur für sie und ihren Dad waren. Und das waren immer Pferde gewesen. Hier war sie nun mit einem Pferd, einem Pferd, das besser war als jedes andere, das sie je gehabt hatte oder haben würde – und sie wusste nichts damit anzufangen ohne ihn. Und sie war sich nicht mal sicher, ob sie es überhaupt wollte.

Emmie wischte sich mit zitternder Hand über die Augen, dann drehte sie sich um und sah Nick und Moxie zu. Sie musste die Flut von Erinnerungen eindämmen, die sie aus der Bahn warfen. Nick wendete Moxie schon vor der Ecke, setzte seinen Unterschenkel ein und verlangte von ihr, zurück an die Wand zu gehen. Ohne auch nur einen Moment aus dem Rhythmus zu geraten, nahm sie den Kopf etwas höher, wegen der besseren Balance, dann folgte ein Schenkelweichen quer durch die Halle bis zur Wand, wo Nick sie vor der Ecke angalop-pieren ließ. Der Galopp war so kräftig, dass Emmie spürte, wie ihr Körper mitschwang. Sie konnte sich vorstellen, wie sich das anfühlte.

Nick ritt an ihr vorbei und fragte: »Helm?« Aber Emmie schüttelte den Kopf, und Nick ritt einfach weiter. Emmie wusste, dass er nicht wieder fragen würde. Ob sie enttäuscht oder erleichtert sein sollte, wusste sie nicht.

»Reitest du, Emmie?«, rief Francesca.

Emmie schüttelte den Kopf. »Nein, heute nicht.« Dann ging sie in die Mitte der Halle und setzte sich auf den Aufsteigebock, wo niemand ihre Tränen sehen konnte. Und von dort schaute sie dem schönsten Pony zu, das sie je gesehen hatte. Es tanzte durch die Halle und wirkte so natürlich und glücklich, man hätte sich leicht vorstellen können, dass es all das auch ohne einen Reiter auf dem Rücken gemacht hätte.

»Dad«, hörte Emmie sich sagen, »du hättest sie geliebt.«

21. Kapitel

Emmie ging den Pfad zum Küchengebäude entlang. Gerade eben hatte sie eine ruhige, glückliche Moxie zu den Unterständen geführt – ohne Zwischenfälle. Das war ihr erstes und bestes Geburtstagsgeschenk.

Ihre nächste Stunde bei Nick war auf den frühen Nachmittag verschoben worden, damit die Leute, die heute schon abreisten, die frühen Stunden nehmen und sich auf den Weg machen konnten. Emmie rückte den Ohrstecker vom Handy zurecht, damit er nicht mehr ganz so unbequem war. Francesca hatte darauf bestanden, dass sie ihn mitnahm, damit sie Geburtstagsanrufe beantworten konnte und die Hände für Moxie frei hatte.

»Du willst doch deinen Dad nicht verpassen, wenn er anruft«, hatte sie gesagt.

»Wenn er dran denkt«, sagte Emmie zu sich selbst. Sie kam zum Küchenhaus, wo Francesca mit dem Mittagessen wartete.

Sobald die Tür hinter ihr zufiel, ertönte ein Chor von Stimmen, die laut »Überraschung!« riefen. Um den Tisch herum, auf dem ein großer, dicker Kuchen thronte, der mit einem sehr wacklig wirkenden Pferd verziert war, standen Connie und Percy, Doddsy, Joshy, Pete und Aiden – und mit ein bisschen Abstand zur Gruppe, Rob.

Emmie war total überrascht. Sie hatte keinen Verdacht geschöpft und nie erwartet, dass sie alle so weit fahren würden, um sie zu feiern.

»Herzlichen Glückwunsch, Emmie«, sagte Connie. Trotz Emmies Warnung, sehr nach Pferd zu riechen, nahm sie Emmie in den Arm und drückte sie. Dann folgte eine Umarmung auf die andere, nur Aiden und Rob hielten sich zurück. Sie drückten Geschenke an die Brust, wie zum Schutz.

»Hier, herzlichen Glückwunsch, Emmie«, sagte Rob und überreichte ihr ein schiefes Paket.

»Danke, Rob«, sagte Emmie. »Das wäre doch nicht nötig gewesen.« So meinte sie es auch.

»Ach, irgendjemand muss es ja tun. Ich glaube, da wirst du mir zustimmen.« Er lächelte, als Emmie das Papier aufriss und ein neues schwarzes Halfter zum Vorschein kam. Emmie lachte. Er hatte recht, das hatte wirklich jemand tun müssen. »Oh! Danke, Rob«, sagte sie gerührt. »Jetzt kann ich dir deines wiedergeben.« Sie strahlte ihn an.

»Jetzt unseres«, sagte Aiden. Er gab ihr ein exakt verpacktes Geschenk, jede Ecke war scharf gefaltet. Zuerst las Emmie die Karte, dann pulte sie vorsichtig den Klebestreifen vom Geschenkpapier, damit es ja nicht beschädigt wurde. Darin war ein wunderschönes Foto von Moxie, sie hielt den Kopf hoch, und die Sonne schien durch ihre Mähne.

»Danke«, sagte Emmie, »das ist so schön. Du machst das wirklich gut, Aido.« Sie lächelte ihn an. »Übrigens, du kannst deine Kamera wiederkriegen. Habt ihr sie heute dabei?«

»Liegt im Auto«, sagte Doddsy schmunzelnd.

»Jetzt pack unseres aus«, sagte Percy. Er nahm Connys Hand, als sie Emmie einen großen weißen Umschlag reichte. Emmie zog zwei Blätter Papier voller Fotos hervor. Im ersten Moment konnte sie nicht erkennen, was es war – und dann stiegen ihr Tränen in die Augen. In der alten Apfelscheune gab es jetzt einen Balken zum Anbinden und eine kleine Sattelkammer mit Haken für Trense und Halfter und einem knallroten Sattelbock.

»Und Behälter für Striegel und so weiter«, sagte Connie.

»Wir wussten, dass wir dich nicht dazu kriegen, ihren Stall vom Carport in die Apfelscheune zu verlegen – naja, jedenfalls jetzt noch nicht –, aber nun hast du eine kleine Sattelkammer und einen Platz, an dem du sie anbinden kannst«, sagte Percy stolz. Emmie war überwältigt und drückte die beiden ganz fest.

»Gut, nur noch eines«, sagte Francesca. »Obwohl eures nicht zu toppen ist, Percy und Connie! Hier, mein Liebling.« Sie legte ein großes, weiches Paket auf die Bank.

Emmie wischte sich gerührt mit dem Ärmel über die Augen. »Danke, Mum«, sagte sie, »aber du hast mir den Workshop geschenkt und Moxie.« Sie lachte. »Und alles. Du musstest mir nicht noch mehr schenken.«

»Na gut«, sagte Francesca aus Spaß, »dann nehme ich es zurück.«

Emmie lachte und drückte das Paket an sich. Ehe sie es auswickelte, betastete sie es. Im Papier fand sie eine wunderschöne schwarze Wolldecke, eingefasst mit einer hellblau und weiß gemusterten Bordüre. »Maßgeschneidert für Moxie.« Francesca lächelte.

»Wow, Mum, die ist schön. Du hast es drauf!« Emmie umarmte sie. »Danke, ich danke euch allen ganz doll für meine Geschenke und ganz besonders dafür, dass ihr so weit gefahren seid.«

»Ja, danke, dass ihr was Gutes zum Mittagessen mitgebracht habt«, sagte Francesca. Sie schob die Geschenke zur Seite, damit sie den Tisch decken konnte.

»Das ist ein herrlicher Kuchen, Doddsy«, sagte Emmie.

»Nun ja, er sah ein bisschen besser aus, ehe eine gewisse kleine Person auf den Tisch geklettert ist und das Vorderbein abgebrochen hat«, sagte Doddsy lachend. »Zum Glück hatten wir genug Glasur, um den Schaden zu beheben.«

»Der Grill ist bereit«, rief Rob von hinten.

»Großartig!« Francesca reichte ihm einen Teller mit Würstchen. Emmie lehnte sich zurück, schaute in die Runde und war dankbar.

Sie waren gerade eben mit dem Essen fertig und führten noch die Gabeln mit den letzten Resten vom Geburtstagskuchen zum Mund, als Emmie auf die Uhr schaute und feststellte, dass es höchste Zeit war, Moxie für die Reitstunde vorzubereiten. Sie wollte kein Publikum, deshalb nahm sie Handy und Ohrstecker und schlich sich davon. Die anderen schauten sich gerade Fotos von Robs Verwandten an, die um seine Mutter herumstanden, und die thronte stolz in ihrem Sternensessel.

Emmie führte Moxie den Pfad entlang. Sie konnte es nicht fassen, es war einfach unglaublich, was sich in den letzten zwei Tagen getan hatte. In den Ställen war niemand außer Sam, der leise hin und her lief und aufräumte. »Brauchst du irgendwas?«, fragte er, als Emmie Moxie zu ihrer Box führte.

»Nein, alles in Ordnung«, antwortete sie.

»Oh, da ist noch was«, sagte er und kam mit Nicks Sattel und Trense hinter ihr her. Er legte die Sachen über die Boxentür. »Bringst du sie bitte gesattelt mit in deine Stunde? Wir müssen heute pünktlich sein, und das wäre eine kleine Hilfe.«

»Sicher«, sagte Emmie, obwohl sie sich gar nicht so fühlte.

Sie nahm die Satteldecke und stellte fest, dass sie feucht war. Also legte sie sie beiseite und wühlte in ihrer Tasche, bis sie die alte weiße Dressurdecke gefunden hatte, die sie für alle Fälle eingepackt hatte. Emmie lächelte und sagte zu Moxie: »Jetzt siehst du aus wie ein Sieger.« Als sie den Sattel auflegen wollte, summte ihr Handy. Sie zuckte zusammen.

Nach ein wenig Gefummel fand sie endlich den richtigen Knopf und konnte das Gespräch annehmen. Gerade noch rechtzeitig.

»Hallo? Hallo?«

»Herzlichen Glückwunsch zum Geburtstag, Hope«, hörte sie ihren Dad sagen.

»Danke, Dad.« Da war ein bisschen Echo im Handy.

»Hattest du bis jetzt einen schönen Tag?«, fragte er. »Nun bist du endlich ein Teenager.«

»Ja, war echt gut«, sagte Emmie.

Dann überraschte er sie mit seiner nächsten Frage. »Wie läuft der Workshop?«

»Nick ist fantastisch«, sagte Emmie. Sie wusste nicht genau, ob sie Moxie erwähnen sollte. Sie wollte das Gespräch nicht schon beenden, bevor es angefangen hatte.

»Und deine Stute auch. Deine Mum hat mir ein Video von Nick geschickt, als er sie reitet. Sie sieht fantastisch aus, Emmie. Kaum zu glauben, dass es dasselbe Pony ist. Du kannst wirklich stolz sein.« Dann machte er eine lange Pause, ehe er sagte: »Ich habe vielleicht ein wenig voreilig über sie geurteilt.«

Emmie merkte, wie ihr die Tränen kamen. Eine größere Entschuldigung würde sie nicht von ihm hören, das wusste sie.

»Ich bin aber froh, dass wir nicht versuchen müssen, diese armselige Mähne einzuflechten«, sagte Steven. Emmie konnte ihn ins Telefon lächeln hören. Da schimmerte ein bisschen von ihrem alten Dad durch, und ihr standen die Tränen in den Augen.

»Ach, vielleicht ist die ja nachgewachsen, bis du wieder da bist«, sagte Emmie.

»Und wirst du sie heute reiten? Das wäre doch ein schönes Geburtstagsgeschenk«, sagte Steven.

»Ich glaube nicht«, brachte Emmie hervor und wischte sich die Augen mit dem Ärmel.

»Warum?«, fragte Steven. »Hast du Angst vor dem, was sie machen könnte?«

»Nein«, sagte Emmie. »Das ist es nicht.« Als die Pause immer länger wurde, fragte Steven schließlich: »Weißt du, was dich abhält?«

»Nein«, log Emmie.

Sie hatte vergessen, wie gut er sie kannte.

»Hope?«, hakte ihr Vater sanft nach.

Mit einem dicken Kloß im Hals sagte Emmie schließlich: »Ich weiß nicht, wie ich das ohne dich machen soll, Dad. Ich weiß nicht, wie das gehen soll, wenn du nicht hier bist.«

»Ach, Hope«, sagte er leise, »natürlich geht das. Du bist immer ein Pferdemädchen gewesen, schon als du noch klein warst. Ich war bloß der Helfer. Weißt du das nicht mehr? Du bist immer diejenige gewesen, die alles im Griff hatte, die genau wusste, wann ihr euch aufwärmen musstet, wann es Zeit wurde, den Schmied zu bestellen, wann ihr euch zum Turnier melden musstet, wann es Chet nicht gutging.« Er lachte und sagte dann scherzhaft: »Ich will damit nicht behaupten, dass ich nicht der beste Stallknecht der Welt bin, aber deine Tage als kleines Mädchen, das den eigenen Sattel nicht heben kann, liegen weit hinter dir. Du bist der Pferdemensch, Emmie, du bist immer diejenige gewesen, die Pferde geliebt hat, und ich war immer gern dabei, weil wir das zusammen gemacht haben.«

»Und jetzt bist du nicht hier, jetzt machen wir das nicht mehr.« Emmie seufzte ins Telefon. Ihr Herz war schwer.

»Nein, jetzt machen wir das nicht, da hast du recht. Manche Dinge ändern sich, Emmie, andere aber nicht – und an deiner Liebe zu Pferden hat sich nichts geändert. Und dass ich nicht da bin, macht nichts. Mir scheint, du hast eine Menge wunderbarer Leute um dich, die dir helfen. Emmie, würdest du heute gern reiten?«

»Ja«, gestand Emmie ein, »das würde ich, aber ich bin nervös. Ich bin beim Aufsatteln, und das allein macht mich schon nervös. Außerdem hasse ich es, wenn mir alle zugucken.«

»Mit Chet hast du Neues immer gern zuerst allein ausprobiert. Ich weiß noch, wie deine Reitlehrer dich in der Reitstunde gebeten haben, etwas Neues zu versuchen. Und du hast dich geweigert, aber dann bist du weggegangen und hast die ganze Woche geübt – und in der nächsten Stunde hattest du den Bogen raus.«

Emmie lächelte. Ihr war gar nicht klar gewesen, dass das ihre Art war, aber er hatte recht.

»Also«, sagte Steven, »ich glaube, ich lass dich lieber mal satteln. Welchen Sattel nimmst du denn?«

»Ich habe mir für uns einen von Nick ausgeliehen«, antwortete Emmie.

»Okay, ich rede mit deiner Mum, dass sie da was regelt, wenn du beschließt, Moxie zu behalten. Und ich denke, dass du das tun wirst.« In seiner Stimme lag ein Seufzen. »Gut, ich lass dich jetzt mal weitermachen. Bitte deine Mum, ein Video von deinem ersten Ritt zu machen, okay? Ich möchte das zu gern sehen.«

»Okay«, sagte Emmie leise, sie wollte sich noch nicht von ihm trennen. »Dad?«

»Ja, Hope?«

»Könntest du am Telefon bleiben, während ich sattele? Du musst nichts sagen, aber das wäre dann ein bisschen so, als wärst du hier und würdest vorm Stall warten.«

Nach einer Pause antwortete er: »Natürlich kann ich das.«

219

Emmie sattelte Moxie. Ab und zu erzählte sie ihrem Vater, was sie gerade machte. »Mann, Dad, ich bin ein bisschen ungeschickt und aus der Übung«, sagte sie, als sie schließlich fertig war.

»Vergiss deinen Helm und die Handschuhe nicht«, sagte Steven genau in dem Moment, in dem Emmie sich gebückt hatte, um die Sachen aus der Tasche zu holen. Sie führte Moxie zur Halle. Es war sonst noch niemand da, nur ihr Dad in ihrem Ohr, ganz leise. Ohne nach links oder rechts zu gucken, schloss sie die Doppeltür der Halle hinter sich, blieb stehen und machte die Steigbügel drei Löcher kürzer, ehe sie zum Aufsteigebock ging.

Emmie wusste, dass sie auf Nick warten sollte und auf ihre Mum, aber ihr Dad hatte recht: Wenn sie etwas zum ersten Mal machte, machte sie es am liebsten allein.

»Ich bin bereit aufzusitzen, Dad«, sagte Emmie und stieg auf den Bock.

»Gut«, sagte er. »Das höre ich gern. Vergiss nicht, deine Mum ein Video machen zu lassen. Herzlichen Glückwunsch zum Geburtstag, mein Liebling. Und … Emmie?«

»Ja, Dad?«

»Genieß deinen Ritt einfach.« Das hatte er früher immer zu ihr gesagt, bevor sie zum Aufwärmen auf den Platz geritten war oder vor einer Dressurprüfung. Vielleicht, dachte sie, ist es ihm doch nicht nur ums Gewinnen gegangen. Ihr Herz wurde leichter.

»Das mache ich, Dad«, sagte sie. »Hab dich lieb.«

»Ich hab dich auch lieb. Und jetzt reite«, sagte er, dann legte er auf.

Sie stand da und konzentrierte sich auf ihre Atmung. Dann dachte sie nicht weiter nach und schwang sich leicht in den Sattel. Sie schaute runter auf Moxies dunkle Ohren, eines zeigte zu ihr nach hinten. Moxie lauschte.

Ein paar Sekunden saß Emmie da, achtete auf ihren Sitz und darauf, dass der Kontakt zu Moxies Maul leicht blieb. Und dann ein Schenkeldruck und ein »Geh, Moxie«.

Moxies Schritt war lang, geschmeidig, kräftig. Emmie lenkte sie sanft nach links und rechts, beobachtete genau, wie sie die Hufe setzte, ließ sie im Schritt gehen, brachte sie zum Stehen – und bekam ein Gefühl dafür, wie sie war.

Sie schaute auf die Uhr. Lange würde sie die Halle nicht für sich haben. Deshalb gab sie Druck mit den Schenkeln und ließ Moxie antraben. Sie wusste, dass die Stute sich nicht anfühlen würde wie Chet mit seinen kurzen Schritten, dennoch war sie überhaupt nicht auf Moxies Trab vorbereitet.

Bei Moxie kam Schub aus der Hinterhand, sie bewegte sich in einem weiten Trab voran, und Emmie legte ihr Gewicht in den Sattel und lehnte sich ein klein wenig nach vorn, gerade genug, um die Bewegung aufzunehmen, bis ihr Körper sich auf Moxies Rhythmus eingestellt hatte.

Mit all der Kraft unter ihr war Moxie mühelos zu reiten. Sie reagierte sofort, wenn Emmie das Gewicht verlagerte. Bald löste Emmie sich von der sicheren Hallenwand, wechselte im Leichttraben durch die halbe Bahn zur anderen Seite und spürte, wie viel mehr noch in der kleinen Stute steckte und darauf wartete, rausgelockt zu werden.

Vor der Ecke gab es für einen Moment Verwirrung. Als Moxie spürte, dass Emmie sich wieder in den Sattel gesetzt hatte und sie mit dem äußeren Bein berührte, galoppierte sie an. Einen Augenblick lang geriet Emmie aus dem Gleichgewicht und fast in Panik. Es fühlte sich an, als würde Moxie fliegen. Aber dann konnte Emmie sich auf die Bewegung einlassen. Moxie griff aus wie ein Pferd, das doppelt so groß war wie sie. Emmie wechselte die Richtung und galoppierte weiter. Dabei spürte sie eine Veränderung in ihrem Inneren, sämtliche Widerstände lösten sich auf. Eine Harmonie stellte sich ein, die sie lange vermisst hatte. Sie merkte, wie alles wieder zu ihr zurückkam – nicht der Wille, gegen andere anzutreten, nicht das Gefühl, gewinnen zu wollen oder irgendwas zu beweisen, sondern die Liebe zum Pferd, die Liebe zum Reiten.

Minutenlang ritt sie nur, spürte, wie Moxie sich unter ihr bewegte, spürte, wie sie auf sie reagierte, bis sie sie schließlich – wohl wissend, dass sie beide nicht so fit waren – wieder zurück in den Schritt brachte und sich am langen Zügel strecken ließ.

Als sie Stimmen hörte, blieb sie stehen und rutschte aus dem Sattel. Sie nahm die Zügel über Moxies Kopf und schob die Steigbügel hoch. Dann streichelte sie der Stute die Stirn und flüsterte: »Angeblich geschieht alles aus einem Grund, Mox. Meistens glaub ich nicht so recht daran, aber ich glaube, als du auf dieser Farm warst, verlassen, vernachlässigt, vergessen, hast du auf mich gewartet. Ich wusste das nicht, aber ich habe geträumt, gewünscht, gehofft, dass du in mein Leben kommst.«

Jemand rief ihren Namen. Emmie schaute auf und sah Percy und Connie, Doddsy, Pete, Joshy und Aido, Francesca und Rob, die in die Halle kamen. Sie drehte Moxie in ihre Richtung. Dann rief Nick ihr zu: »Bist du bereit für deinen ersten Ritt?«

Emmie streichelte Moxies Hals und rief zurück: »Wir sind mehr als bereit!«

Danksagung

Von Herzen danke ich meiner Verlegerin Linsay Knight, die fand, dass die Geschichte von Moxie und Emmie unbedingt erzählt werden sollte, und sie so großmütig in die Welt hinausgeführt hat.

Ich danke auch meiner Lektorin Vanessa Lanaway.

Und ich danke dem ganzen Team bei Walker Books: Ihr habt dafür gesorgt, dass Emmie und Moxie mit allem, was sie zum Gedeihen brauchen, in die Welt hinauskommen. Ihr habt sie so weit gebracht.

Mein Dank gilt auch meiner Agentin Margaret Connolly. Danke für deine wohldurchdachten Kommentare, weisen Ratschläge und dafür, dass du die Pferde vorangetrieben hast.

Lieben Dank an Dad und Mum, die es mir ermöglicht haben, mit Pferden aufzuwachsen.

Jackie Merchant arbeitet als Grafikerin, als Art Director und hat auch schon Werbetexte verfasst. Sie lebt auf einer kleinen Farm in der Nähe eines breiten Flusses in Tasmanien, Australien. Dort kümmert sie sich mit ihrem Partner um drei Pferde, um Kelpies und um ihren Rauhaardackel. *Ein Herz und ein Pony* ist ihr erster in Deutschland veröffentlichter Roman.